学校课程发展
精品丛书

丛书主编

舒小红　杨四耕

语文学科
课程群设计

语文天生重要

主编　万远芳

华东师范大学出版社
·上海·

图书在版编目（CIP）数据

语文天生重要：语文学科课程群设计/万远芳主编
. —上海：华东师范大学出版社,2020
（学校课程发展精品丛书）
ISBN 978-7-5760-0655-1

Ⅰ.①语… Ⅱ.①万… Ⅲ.①语文课—课程设计—中小学 Ⅳ.①G633.302

中国版本图书馆 CIP 数据核字（2020）第 164630 号

学校课程发展精品丛书

语文天生重要：语文学科课程群设计

丛书主编　舒小红　杨四耕
主　　编　万远芳
责任编辑　刘　佳
项目编辑　林青荻
特约审读　桂肖珍
责任校对　郭　琳　时东明
装帧设计　风信子

出版发行　华东师范大学出版社
社　　址　上海市中山北路 3663 号　邮编 200062
网　　址　www.ecnupress.com.cn
电　　话　021-60821666　行政传真 021-62572105
客服电话　021-62865537　门市（邮购）电话 021-62869887
地　　址　上海市中山北路 3663 号华东师范大学校内先锋路口
网　　店　http://hdsdcbs.tmall.com/

印 刷 者　上海华顿书刊印刷有限公司
开　　本　787×1092　16 开
印　　张　14.75
字　　数　303 千字
版　　次　2021 年 2 月第 1 版
印　　次　2021 年 2 月第 1 次
书　　号　ISBN 978-7-5760-0655-1
定　　价　44.00 元

出 版 人　王　焰

（如发现本版图书有印订质量问题,请寄回本社客服中心调换或电话 021-62865537 联系）

丛书编委会

主　编：舒小红　　杨四耕

副主编：周　林　　汪智星

成　员：（按姓氏笔画为序）

万远芳　　王玉燕　　李美荣　　杨　舸　　杨四耕　　邹　娟

汪智星　　张　蕾　　罗先凤　　周　林　　胡乐红　　秦文英

徐耀志　　高友明　　崔春华　　章　明　　舒小红

本书编委会

主　编：万远芳

成　员：邹　璐　　李　莎　　代俏梅　　谭　美　　朱艳婷　　黄星星

熊红敏　　张冬萍　　陈　玲　　胡世薇　　肖志清　　涂鸿敏

石　丹　　李芸芳　　段　黎　　查红女

丛书总序

  区域课程改革既受国家课程改革政策影响,又与学校课程变革主体意愿相关。无论是国家课程改革的落地,还是学校课程变革的统领,都和区域这个中间环节密不可分。就区域课程改革推进模式而言,主要有"自上而下"的空降模式、"自下而上"的草根模式和"平行主体"的分布模式等三种。从宏观角度看,自上而下的课程变革层级设计是最有效的;从微观角度看,自下而上的课程变革主体参与是最重要的;从文化角度看,平行主体的课程变革激励分享是最有意义的。面对各种课程变革模式,如何取长补短是区域课程改革的路径选择和实践智慧。

  美国当代教育改革家约翰·I.古德莱德(John I. Goodlad)和克莱因(M. Frances Klein)、肯尼思·A.泰伊(Kenneth A. Tye)提出"课程层级论"思想,他们将课程分为五个层级:(1)理想的课程,由研究机构、学术团体和课程专家倡导的、以纯粹形式呈现的课程形态。这类课程是否产生实际影响,主要看它是否为官方所采纳;(2)正式的课程,是获得州和地方学校委员会同意,由学校和教师采用的课程,也就是列入学校课程表的课程;(3)领悟的课程,指头脑中领悟的、理解的课程,被官方采纳的正式的课程会以学科形式呈现,经教师理解和领悟进入实施状态;(4)实施的课程,教师根据具体的教育情境,对"领悟的课程"作出调整使之成为"实施的课程",进入课堂教学;(5)体验的课程,这是学生实际体验到的课程,尽管经历了同样的课程与学习,但不同学生会获得不同的学习体验,该层次的课程是对整个课程组织流转的最终检验和落实。①

  在古德莱德看来,上述五个课程层级,每个课程层级都必须进行三个方面的探究:一是实质性探究,包含对课程目标、学科内容以及教材等课程实体要素的本质和价值研究;二是社会性探究,包括对人类发展过程的研究,通过"政治—社会"研

---

① John I. Goodlad and Associates (eds.). Curriculum Inquiry: the study of curriculum practice[M]. New York: McGraw Hill, 1979: 344 - 350.

究看到利益倾向及其因果关联；三是专业性探究，主要从"技术—专业"角度考察个体或群体对课程的设计、维护和评价，进而改进、推动或者更新课程。[1] 前两个方面主要探究课程的价值与原理，后一个方面主要探究课程的技术与实践。古德莱德认为每个层级的课程都必须对其本质与价值、政治与社会、技术与专业进行细节性地审视和实践化处理，才能真正促使课程一层一层地垂直落地。

古德莱德"课程层级论"揭示了课程从理论形态到实践形态的运动过程，使人们对课程概念的理解从静态角度转换到动态角度，真正把课程看成是层次化、系统化和生态化的复杂系统，使我们既看到课程的宏观系统，又看到课程的微观层面；既关注原理的探究，又关注实践的落实，对课程从哪里来，要到哪里去，从时间流上考察清楚了。

按照古德莱德"课程层级论"思想，课程改革从区域布局到学生学习整个自上而下的"课程链"有五个层级：(1) 区域层面，代表国家，推行"理想的课程"；(2) 学校层面，基于本校，规划"正式的课程"；(3) 科组层面，立足学科，设计"理解的课程"；(4) 教师层面，深耕课堂，创生"实施的课程"；(5) 学生层面，聚焦学习，获得"经验的课程"。每个课程层级内部有一个"势能储层"。按照《简明不列颠百科全书》的解释：势能是由系统各部分的相对位置所决定的储能，势能是系统的特性而不是单个物体或质点的性质。[2] 势能是个状态量，是相互作用的物体所共有的。我们用"势能储层"这个概念来表达在一个课程层级内的若干要素之间的相互作用情况，每个课程层级就是一个"势能储层"，该层级内部各要素，如资源、环境、主体等相互作用，产生一定的"能量"，进而推动着课程变革进一步落地，形成区域课程改革的瀑布模型(见图 1)。

1. 区域层面：代表国家，推行"理想的课程"

区域层面如何以国家课程政策为依据，以学科课程标准为基础，整合性地推进"理想的课程"落地？课程是最重要的改革载体，区域课程改革必须立足实际，基于"五育并举"的要求，把对学校发展、教师发展以及学生发展产生影响的各种因素及

---

[1] （瑞典）胡森,（德）波斯尔斯韦特.教育大百科全书　第 7 卷[M].重庆：西南师范大学出版社,2006：109.

[2] 姜椿芳.简明不列颠百科全书　第 7 卷[M].北京：中国大百科全书出版社,1986：323.

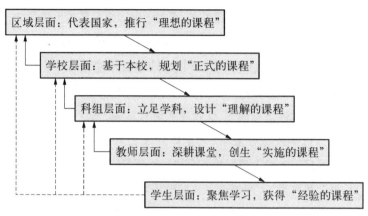

图 1　区域课程改革的瀑布模型图

资源进行整合考虑,建构系统的区域课程变革框架。南昌市东湖区组织各层面专家学者以及校长头脑风暴,广泛听取意见,对区域课程改革进行了梳理和归纳,通过充分调查研究,出台了《南昌市东湖区教育科技体育局关于提升中小学课程品质的指导意见》。这是一份"理想的课程"如何落地的宣言书,该指导意见从意义、目标、重点工作和保障措施四个方面为区域课程改革提供操作性指导意见,其目标在于"实践导向、精细设计,以点带面、聚焦特色,整合力量、共同发展",优化工作机制,整合教研、科研、培训、督导等方面的力量,培育一批有推广价值的课程改革经验,促进区域课程品质整体提升;重点工作聚焦在完善课程体系,加强课程建设,改进课程实施,促进课堂转型,构建多元评价体系等方面;本着"先行试点、积极探索、逐步推广、全面推进"的要求,积极稳妥地推进中小学课程改革,提升学校课程品质。应该说,通过区域课程改革政策设计,系统规划了区域课程改革,提高了区域课程改革的理解力和设计力。

2. 学校层面:基于本校,规划"正式的课程"

学校层面如何立足本校实际,推进课程深度变革呢?这一课程层级可以研制学校整体课程规划为抓手,规划"正式的课程",进而提升学校课程领导力。南昌市东湖区每所学校均以校长为核心组建学校课程领导小组。学校课程领导小组牵头研制学校整体课程规划,建立与学校内涵发展相匹配的课程体系,提升学校课程品质。学校整体课程规划关注以下七个关键问题:(1) 分析学校课程情境,明确学校课程变革的家底；(2) 确定学校课程哲学，把握学校课程变革的价值取向；(3) 厘定学校课程目标，引领学校课程方向；(4) 设计学校课程框架，建构学校课程体系；(5) 布局学校课程实施，转变课程育人方式；(6) 改进学校课程评价，提升学校课程品质；(7) 探索学校课程管理，保障课程扎实落地。学校根据自身实际情况，以内涵发展为中心，通过整体课程规划，优化学校课程结构，设计适合学生发展的课程体系，有逻辑地推进学校课程变革。[①] 学校课程变革是一个不断研究、深化的过程，学校整体课程规划本质上是以校长为核心的领导团队关于课程的价值判断力、目标厘定力、框架建构力、实施推动力和管理保障力的探索过程，是课程领导团队通过研究系统规划"正式的课程"的过程。

3. 科组层面：立足学科，设计"理解的课程"

学校是有明确职能分工的科层组织，学科教研组是其中最重要的业务组织。学科教研组层面如何立足学科，设计"理解的课程"，便是这一课程层级需要思考的问题。在南昌市东湖区，我们推进学校学科教研组研制学科课程群建设方案，促进教师理解课程的真谛，进入课程领域，发现课程的意义。立足学校与学科实际，学科课程群建设方案主要从以下六个维度进行设计：(1) 确定学科课程哲学，把握学科课程价值观；(2) 厘定学科课程目标，细化学科核心素养要求；(3) 设计学科课程框架，活化学科课程内容；(4) 布局学科课程实施，转变学科学习方式；(5) 改进学科课程评价，提升学科课程品质；(6) 探索学科课程管理，保障学科课程落实。实践证明，学科是中小学教师的专业家园，学科教研组组长是学科课程建设的带头人，是学科课程的主要决策者。通过学科课程群建设方案的设计，带领学科教师走进课程世界，在课程实践中不断建构分享型组织文化，是一所学校课程变革的一个重要维度。

4. 教师层面：深耕课堂，创生"实施的课程"

教师即课程，教师的课程理解决定着教师的教学行为。教师创生课程是专业自主权发挥的体现，是个性化教学生成的重要标志。有学者认为"教师即课程"有两个内涵：其一，教师是课程的内在要素，是课程的有机组成部分；其二，教师是课

---

① 杨四耕.学校课程变革的逻辑与深度[J].中小学教育(人大复印资料)，2016(7)：45-47.

程的创造者,创造课程是教师的责任。① 立足课堂教学,教师创生着最现实、最富有实践感的课程,也就是"实施的课程",其中包含师生关系在内的隐性课程、学科知识的经验再现课程以及拓展延伸的生成课程等表现形态。在南昌市东湖区,我们倡导教师从四个方面激活课程:一是培育课程敏感,让教师在课堂教学中,富有学科育人意识,有迅速捕捉课程资源的机智,充分发展课程的意义;二是提出教学主张,让教师把握学科本质,深化课程理解,对学科课程的理解,在一定意义上就是对学科本质的探寻;三是立足儿童成长,让课堂洋溢生命感,让课程成为给予儿童最重要的礼物,成为支持学生的创造和生长的资源;四是激活课程创生,在鲜活的教育情境中创生课程,践行"教师即课程"的美好追求。从静态知识观到生成课程观,从知识的预设到课程的创生,教师在课堂教学中充分发挥课程实施的主体创造性,实现对课程的情景性理解和把握,全面增值课程的育人价值,这就是"深耕课堂"的意涵,这就创生了"实施的课程"。

5. 学生层面:聚焦学习,获得"经验的课程"

"经验的课程"是学生实际体验到的课程,是儿童经验的改组和改造,是课程运行的最终归宿和效果落实。为了丰富学生的学习经历,促进儿童获得有价值的"经验的课程",在南昌市东湖区,我们强调以下四点。其一,准确把握学科知识的育人价值。学科知识是系统化的人类经验,有其特别的价值。我们倡导以生动的事实与学科知识有机结合的"课程微处理",让儿童从经验中学习,"行动就变成尝试,变成一次寻找世界真相的实验;而承受的结果就变成教训——发现事物之间的联结"。② 其二,实现学科知识和学生经验的全面联结。课程既包括静态的知识体系,也包括动态的学习过程,知识体系和经验世界共同构成了课程的风景,促进二者的融通是经验增值的途径。没有学生的经验活动过程,学科知识只是"死的符号",是没有意义的。其三,寻找课程内容与学生经验的最佳结合点。学科知识中的概念归纳、逻辑推理、事理演绎,都必须以学生的生活经验为基点,使学科知识贴近儿童的生活体验,让知识逻辑变为学生可感的经验表达,促使琐碎的经验事实不

① 陈丽华.教师即课程:蕴涵与形式[J].课程·教材·教法,2010(6):10.
② (美)约翰·杜威.民主主义与教育[M].王承绪,译.北京:人民教育出版社,1990:149.

断地向系统的知识逻辑发展。其四，引导学生进行真实的经验探索和评述。经验是具体的尝试过程，学生不能在被动静听中获得经验，只有在亲自"做"的过程中才能发展出真实的经验。教学要为学生提供经验探索的环境，引导学生主动尝试、积极求索，在发现问题和解决问题中获得经验，表述和评价经验的形成过程和成果。

综上所述，区域课程改革是镶嵌于上述五个"课程层级"中的若干不同主体、不同事件和活动构成的系统运作过程，由上至下构成了一个瀑布式课程推进模型。瀑布给人雄伟、壮观的印象，大家可以想象一下这样的画面：瀑布的上方有个储水池，溪流源源不断地往储水池注水，当池面水位达到一定高度，就会在水池边沿溢出，形成壮观的瀑布场景。溪水倾泻到瀑布底端后，又流进了一个储水池，当水面达到一定高度后又会溢出流入下一个水池，如此一层层往下流动，形成连续的瀑布场景。区域课程变革过程也像这样一个瀑布流，在每个"课程层级"都需要经历"储能"的过程，就像溪水流入每一个储水池，都需要时间积累和事件增值，当水位达到一定高度才发生溢出效应。

事实上，区域课程改革是通过设计一系列阶段性项目任务而展开的，从问题界定到需求分析，从项目确定到策略选择，从项目推进到评估反馈，每一个阶段的项目任务都有明确的内容，都会产生瀑布效应。课程改革项目进程从一个阶段"流动"到下一个阶段，逐步落实与推进，并溅起无数"浪花"，形成整体"水幕"的过程，我们可以称之为瀑布式课程改革过程。[①] 从深层次看，瀑布式课程改革是课程政策由外部向内部、由宏观向微观、由理念构建向实践创新转换的关键所在，整个过程包含界定问题、需求定位、项目聚焦、策略选择、触点变革、项目推广、评估反馈等阶段。通过瀑布式推进，区域课程改革氛围可以浓郁起来，课程改革项目可以落地有声。

杨四耕

2020 年 6 月 18 日于上海市教育科学研究院

---

① 杨四耕.区域课程改革的瀑布式推进[N].中国教师报,2017－8－16(13).

目录

前　言｜**语文是什么?**　　　　　　　　　　　　　　　　　　／ 001

第一章｜**语文是人之多彩的折射**　　　　　　　　　　　　　　／ 001

语言是一种本能,有人存在的地方就有语言。语言缔造并且支撑着人类的灵魂,它是表达自我、升华自我、确证自我的工具。人是多彩的,而语文课程具有启蒙、奠基、催化、导向的功能,因此要关注儿童的多元发展,强调个性培养。"多彩语文"尊重儿童的真实发展,追求儿童在学习母语的过程中,感受母语的丰富多彩、智慧和魅力,能用心、用情去触摸真善美的语言世界,让每个孩子成为最好的自己。

第一节　多彩语文指向精神成长之精彩　　　　　　　　　　／ 002
第二节　多元目标催生语文学习之动能　　　　　　　　　　／ 004
第三节　多样课程达成语文能力之提升　　　　　　　　　　／ 009
第四节　多方途径助力语文实践之效能　　　　　　　　　　／ 013

第二章｜**语文是烛照心灵的灯火**　　　　　　　　　　　　　　／ 025

人是一棵思考的苇草。每个人自有他独特的存在感,这得益于人自身的独立思考能力。每一个心灵,都是一个生活场,潜藏着无限的能源,即能场场,亦是情感的源泉。"星火语文"就是以语文的"星星之火",通过全方位、多角度的锻炼提升,形成"燎原之势",点燃儿童的心灵之场。为每一个灿烂的生命点赞,为每一个生命点亮心灯,使孩子们的心灵在语文灯火的烛照下熠熠生辉。

第一节　理念革新,点燃生命之火　　　　　　　　　　　　／ 026

第二节　全面多维，引亮成长之灯　　　　　　　　　　　　／ 028

第三节　自主创设，营造"燎原之势"　　　　　　　　　　／ 043

第四节　有声有色，传递思维之光　　　　　　　　　　　／ 047

第三章 | **语文是人之性灵的家园**　　　　　　　　　　／ 059

海德格尔说，人类在世界上的生存应该是一种诗意的居住。语文对于个体生命的重要性是与生俱来的，它是滋养生命的甘泉，生命的血脉，人之性灵的家园，同时语文也让每一个闪着青春之光的少年拥有崇高的理想、无羁的想象、自由轻盈的心灵和丰富多彩的渴望。"嘉"，善也，美也。"嘉境语文"就是要给予每一位孩子内心温柔的、激烈的、细腻的等多种不同感受的冲击，促使每一个身处教育情境中的人，认识未来，与最美的未来相遇。

第一节　以美好的情境孕育自由的灵魂　　　　　　　　　／ 060

第二节　以不同的形式彰显语文的情怀　　　　　　　　　／ 061

第三节　以平等的姿态塑造独立的自我　　　　　　　　　／ 066

第四节　以审慎的视角凝望昂首的芬芳　　　　　　　　　／ 071

第四章 | **语言是文化生活的演绎**　　　　　　　　　　／ 083

教育是生活的过程。语文课程，这个生活家园，是一个生命相互浸润、相互熏陶的动态过程，被优秀文化浸润过的生活和心灵，能获得更强健的精神。这也是"润滋语文"的课程宗旨所在，润泽生命，滋养性情。

第一节　润泽和滋养：提升语文素养　　　　　　　　　　／ 084

第二节　熏陶和感染：促进和谐发展　　　　　　　　　　／ 085

第三节　开发和培育：由浅及深螺旋上升　　　　　　　　／ 089

第四节　落实和拓展：润滋学生情感心灵　　　　　　　　／ 092

第五章 | **语文是感性理性的合体**　　　　　　　　　　　／103

人的天性是和谐统一的,感性与理性同等重要。完整的语文教育是感性和理性的统一体,温柔的同时又充满力量。它不仅包括知识、智慧等认知因素,还包括情感、意志等因素。用感性去拥抱生活,用理性去思考生活。语文的"言"与"意"便是感性与理性的合体。"合美语文"依托文本的"言",把握"意"的指向;结合内容的"意",领悟"言"的传神,引导学生往来于"言"与"意"的双向通道中,领略语文之美。

第一节　合语文之美,达修身之境　　　　　　　　　　　／104
第二节　以美为镜,正人生之风　　　　　　　　　　　　／107
第三节　绘制合美修身的蓝图　　　　　　　　　　　　　／111
第四节　编织合美修身的彩虹桥　　　　　　　　　　　　／114

第六章 | **语文是人性完善的感召**　　　　　　　　　　　／123

教育说到底是"人"的教育,语文教育说到底是培养"立言者"的教育。学语文不仅仅是应付生活,语文更是人的言语、精神生命的绽放,是人的自我确证、自我实现。"臻美语文"顺应了人的本性需要。人性本无善恶之分,只有生存的本能。只有在成长的过程中,受到教育、受到社会的影响之后,人性才产生区别。换言之,后天的教育对人性的改变起到了决定性作用。基于人,为了人,这就是语文教育的立足点和归宿。

第一节　追求真实的生命成长　　　　　　　　　　　　　／124
第二节　塑造最美好的心灵　　　　　　　　　　　　　　／126
第三节　亲近经典,润泽人生　　　　　　　　　　　　　／131
第四节　与美相遇,奏响生命华章　　　　　　　　　　　／134

第七章 | **语文是民族文化的负载**　　　　　　　　　　　／149

"没有文化,便没有人。"语文是人的言语、精神生命的绽放,是人的自我实现。只有这样认识语文，语文教育才有生命活力和内生动力，才是培养大写的"人"。基于"人"，为了"人"是真正的语文教学价值。"没有离开文化的独立的人性"，语文就是要培养丰富的人性，培养完善的人。"大美语文"，让孩子在语言的国度中收获审美，享受阅读，感受传统文化的博大精深之美，培养具有丰富的人性而又力求完善自己的"人性"的人。

第一节　深剖文化内涵　体悟大美语文　　　　　　　　/ 150
第二节　弘扬文化精髓　传承大美语文　　　　　　　　/ 152
第三节　科学设置课程　感受大美语文　　　　　　　　/ 163
第四节　搭建展示平台　助力大美语文　　　　　　　　/ 166

第八章 | 语文是精神生命的内核　　　　　　　　/ 181

语文是与人的心灵和灵魂最接近的学科，它充分关注受教育者的生命成长。对生命的关注和关怀，是语文教学始终如一的发展方向。语文不但要从阅读上找到和人的生命状态相契合的内容，更要在社会生活实践中去体验世界的活力、丰富和美，让个体生命呈现独特有内涵的价值，更加懂得生命的可贵和崇高，更能理解、尊重和珍惜生命，更能悲悯、宽容和善待自然、人、事，也包括自己。"漫味语文"链接教材、链接生活、链接活动以及一切可能的要素，构成丰富的语文世界，涵养浸润每一个生命。

第一节　语文修养　对母语价值的精神皈依　　　　　　/ 182
第二节　匡正方向　以课程标准描目标蓝本　　　　　　/ 184
第三节　丰富烂漫　为终身发展铸育人根基　　　　　　/ 194
第四节　多维样态　悟平实深刻且亲切有味　　　　　　/ 197

后　记　　　　　　　　　　　　　　　　　　　　　　/ 210

前 言

语文是什么？

  语文如同一条浩浩汤汤的长河，阔大辽远，奔流不息。两千多年前，孔子道，"不学诗无以言"，"学而不厌，诲人不倦"，"温故而知新，可以为师矣"……这是中国有历史记载以来的第一位语文教育家，他以睿智、虔诚和经验给后人指点迷津。

  语文教育者从未停止过探索的脚步。如今，社会发展日新月异，人们不经意间发现，说话的方式变了，思考的方式变了，阅读的材料更是丰富多彩，语文这条大河，不断流向新的天地。面对几千年的语文教育史和百年现代语文教育史，无数的语文教育家和教育工作者努力前行，艰难行进，风景或春光明媚，或雪雨风霜，或桃红柳绿，或连峰接天……

  我们不必太在意求索的结果，风景就在这不断求索的过程中。

一、基于人，为了人

  翻开五千年华夏民族的历史，文化传承的主要载体是汉字。人类最重要的交际工具和信息载体就是语言文字，也是人类文化的重要组成部分。美国人类学家 L. A. 怀特在其《文化科学》一书中写道："全部人类行为起源于符号的使用，正是语言符号才使我们的类人猿祖先转变为人并成为人类。仅仅由于符号的使用，人类的全部文化才得以产生和流传不绝。"这也就是说，人是语言动物也同样是文字动物。于人而言，语言文字是运用最多的符号，人的思维的本体和载体就是语言文字。"能言说"可以说是人的生命存在。

  现在还一直被相当一部分教育教学者奉为至宝的"应试"、"应需"、"应世"这样的一些目的和欲求，使得在语文教育中"人"这个因素被蒙蔽，"人"的生命也外在于语文教育的目标，"人"成为了追求目标的工具和载体，教育教学者眼中没有了活生生的"人"，也就没有了活生生的生命。人，不仅仅只是为了活着而活着。有言说，有思想，才能真正称其为人，才能真正拥有诗意的人生。语文教育，就是要让受教育者拥有至高无上的言说权，使受教育者成为生活的主人，成为主宰自己命运的主人。因有言说，因有思想，才能真正成为人类的一员。教育说到底是"人"的教育，学语文不仅仅是应付生活，语文更是人的言语、精神生命的绽放，是人的自我实现。这样，语文教育才有生命活力和内生动力。只有这样，才能培养大写的"人"。培养基于"人"，为了"人"是语文教学价值的体现。

"语言是思维的外壳"，这"外壳"与"内核"是不可分离的一个整体。笛卡尔说："我思故我在。"中国语文教育大家叶圣陶也提出，语言训练要和思维训练同时并举。不一而足的论述，足以说明，思维性是语文学科的应有之义。思维发展与提升已纳入语文课程的核心素养中，但在现实中，教育主体不自觉，思考不够，行为不足。客体不具备，建构的学科教学法缺乏，选拔人才模式等也同样造成受教育者思维能力不具备或者欠缺。

语文学科的教学，应体现思维性。语文教师应当具有自觉的、应当的、必须的为思维而教的观念、意识和行为。因为思之有序，才能言之有序，通过"思"，才能从"道"解"文"，才能明白段、文、篇、章的骨架和脉络，从而提高听说读写的能力。思维的发展是语文学科核心素养之一，但思维的培养还应体现语文的学科特点，即语文的思维训练自然要落在语言文字运用的思维训练上。

南昌市东湖区的语文课程建设始终顺应时代的发展，真正把人放在教育的中心，把每一个受教育者当做一个个活生生的内涵丰富多彩的生命来对待，把一切为了人的发展作为语文教育的主导思想。根据区情、校情、学情，最重要的是据于孩子原有基础、自我发展和学习需求等方面的差异，为每一个孩子创设更好的学习条件和更广阔的成长空间。"让儿童在语文教育中日臻完美"、"让语文润泽心灵"、"在烂'漫'丰富中炼修养塑人格"、"燎原之火　点亮心灯"、"让孩子更自然活泼地成长"等等。这些丰富的语文课程充分促进了受教育者的全面发展，使他们逐步形成良好的个性，培养健全的人格，在祖国语言文字的滋养中，不断获得语文修养，促进其精神成长。如此高度重视人的发展，强调个性培养，这是东湖语文教育人的立足点与出发点。

二、关注人，成全人

"人"，乃天地之性最贵者也。天下至诚、至善的生灵是"人"。在中国人文美学精神中，"人"是有灵性灵气而又至性至情，超越于一切功利之上，"人"有着自己的审美诉求，而语文教育正是为了塑造和彰显"人"的性灵和高贵，而不是屈从于现实的功利。因此语文教育要涵养人的性情、唤醒人的灵性。这需要语文教育者从认知学习的角度去体会，从情感和审美的角度去感知。

语文教学要陶冶性灵，使受教育者走向高尚。审美是一种精神活动，语文教育中所审美的对象，如自然、社会、科学、艺术等等，这些都是各种美的结晶。语文教育中要从审美角度深入挖掘这些素材中美的因素，如鉴赏诗歌的意境美，体会散文中的情思美，感受小说中的形象美，欣赏议论文中的哲理美，领悟说明文中的情趣美等等。同时在语文教育中，要创造审美的教学环境，唤起受教育者良好的美的感知，引导受教育者能从不同的审美角度，不同的审美层面，深入理解，从表层逐步走向深入，从更高的艺术审美的层次上更好地体会材料，获得更深切的美感体验，从而提高阅读品味。

在语言信息技术广泛介入日常生活的今天，语文教育已经不能和当下的语文生活合拍。就比如语文能力训练中的听说读写，现在的网络阅读使得阅读更多地呈现为浅阅读、碎片化阅读，微博、微信正在影响人们的阅读方式和阅读习惯，影响着人们的阅读质量。作为语文教育者应及时跟上时代发展，调整教学内容，培养学生跨平台文化交流的能力。当然，这需要语文教育者不断进行知识更新，教学目标更新，整合教材，教学方法更新，教学组织方式更新等等，使得语文教育不滞后于时代社会发展。

语文是生命存在的形式，始终要处于与人的对话中，与社会的对话中，与历史的对话中，与自然的对话中，与自我的对话中以获得人之为人的确证，获得生命的丰盈、完善，完成自我的发展。语文教育者眼中要有人的意识，关注生命，尊重生命的发展，而这些都是教育的终极目的。理解了教育理念，教学行为就会受其支配。从教学目标到教学内容，从教学方法到教学评价、质量评估等等，语文课程才会构成体系。

东湖区语文课程群在课程体系上，着眼于语文素养的整体提高。基于"多彩语文"的学科理念和课程目标,设置了"多彩识写"、"多样阅读"、"多方写作"、"多元交际"、"多边实践"五部分内容。"星火语文"根据基础性课程和拓展型课程,依托学校特色资源、教师、学生及其他因素的影响,分为字词天地、兴趣阅读、我爱写作、口语论坛、综合竞技五大类板块。"漫味语文"依据学校的"三好"素养目标,课程设置分为语用联营、诵读经典、真情写作、自信表达、综合学习、绘声绘影六大类。"合美语文"的"合美经典诵读"让古老的智慧、经典的知识、脍炙人口的诗文,益学生之心智、怡学生之性情、变化学生之气质、滋养学生之人生。"合美识写汉字"引导学生正确地运用汉字,规范书写汉字,体会汉字博大精深的同时,由衷热爱祖国的语言文字。"合美阅读品味"、"合美口语交际"、"合美写作表达"、"合美综合学习"都旨在促进学生良好个性品质的构建。

总之,关注生命的成长,成全每一个生命的自我发展是语文课程的根基。

三、完善人,精神人

人比动物高贵,因为人总是由自然的生命走向精神的生命。人生活在生生不息的社会之中,与历史、文化、社会、自然、艺术等都要接触、领悟、理解、内化,于是人获得成为人的精神所在。人不只是物质的存在,也不只是精神的存在。只有二者统一,感性与理性统一起来,生命与形象统一起来,才获得整体的精神,整体的人的形象。

真正的教育是要唤起人对个体生命的肯定,热爱生活,使生命有自由舒展的空间,有昂扬向上的精神,有丰富多彩的诗意,有对生命世界的同情、尊重与关怀,能体认肯定,能珍爱接纳,能悲天悯人,这样的人生才会有美满丰盈的生命情感。正在到来的时代是一个充分重视人的主体地位的时代,是要充分挖掘个体潜力的时代,作为教育者理应引导受教育者不断完善作为"人"的理念的全面发展。

《普通高中语文课程标准》(2017年版)对于语文教育人的能力提出了更高的要求,要求教师"提高水平,发展特长,开发和利用各方面的语文课程资源,建立互补互动的资源网络,建设开放、多样、有序的语文课程体系"。东湖区语文课程群建设在建构了语文课程体系后,为了保证课程实施与评价,各校分别制定相应的实践措施与评价进行保证。"漫味语文"以学生为中心进行有效激励与沟通,把课标作为立足点,审视课程目标的设定;以语文核心素养的基础性和发展性的延展,定位课程内容的落实;用课程中学生与教师的效果四个方面进行课程实施评价。"嘉境语文"整合校内外教育资源,统筹协调校内外相关部门的关系,联合各方面的力量,特别是加强与校外活动场所的沟通协调,保证语文课程的有效实施。"合美语文"课程依据学科课程理念、课程目标、课程设置,结合学校现状、师生特点,设计了五个实施与评价:构建"合美课堂"、举办"合美语文节"、打造"合美社团"、实施"合美诵读经典"课程、开展"合美实践"活动。依据学情,由浅入深,分年级、分学期实施。

总之,语文的学习应该是受教育者不断提高生命质量的过程,也是一个精神愉悦的过程。生命,我们不能控制它的长度,那就要拓展它的宽度,保证生命的质量,而生命的质量就在于人的精神生活要丰富。语文的学习正是为受教育者提供精神的食粮,在领略语言表达的美的同时,欣赏人性,欣赏社会,欣赏生命。

语文是人的生存和发展的基础,语文与古今历史、中外文化发生联系,与自然、社会和宇宙等外部世界进行交流。没有语文的学习,个体生命的成长和完美是举步维艰的。从这个意义上说,完善精神的不仅是受教育者,也是语文教育者本身。

语文天生重要!

第一章

语文是人之
多彩的折射

语言是一种本能,有人存在的地方就有语言。语言缔造并且支撑着人类的灵魂,它是表达自我、升华自我、确证自我的工具。人是多彩的,而语文课程具有启蒙、奠基、催化、导向的功能,因此要关注儿童的多元发展,强调个性培养。"多彩语文"尊重儿童的真实发展,追求儿童在学习母语的过程中,感受母语的丰富多彩、智慧和魅力,能用心、用情去触摸真善美的语言世界,让每个孩子成为最好的自己。

➡ 多彩语文：多维角度感知语言之美

南昌市豫章小学教育集团爱国路校区小学语文学科组，现有教师 12 人，40 岁以下的青年教师 5 人，40—50 岁年龄段的教师 7 人。12 名教师中，11 名是中小学一级教师，1 名是中小学二级教师，均是学校骨干。爱国路校区语文教研组，秉持"多维角度感知语言之美"的语文课程理念，充分发挥团队合力，认真开展教研活动，积极参加省、市、区教育主管部门组织的各类教科研活动，在教科研方面取得了一定成绩。近年来，爱国路校区深化课程改革，不断凝练课程文化，在省、市、区各级优质课大赛中崭露头角。语文教研团队精神面貌积极向上，研究氛围浓厚，学科教师具有较强的学科素养。

第一节 多彩语文指向精神成长之精彩

一、学科价值观

《义务教育语文课程标准(2011 年版)》指出："语文课程是一门学习语言文字运用的综合性、实践性课程。义务教育阶段的语文课程，应使学生初步学会运用祖国语言文字进行交流沟通，吸收古今中外优秀文化，提高思想文化修养，促进自身精神成长。工具性与人文性的统一，是语文课程的基本特点。""教学的根本任务，就是促进每一位学生的发展，就是培养学生的生命精神，让每一个学生的个性充分发展，培养出丰富多彩的人格。教学不应仅面向学生的现在，更要面向学生的未来。"①基于以上认识，我们有理由认为，语文课程的核心价值是在丰富多彩的生活中学习，在多姿多彩的社会中学习。语文是一幅多彩的画，画中有美丽的自然色彩；语文是一首多彩的诗，诗中有厚重的文化色彩；语文是一部多彩的书，书中有丰

---

① 中华人民共和国教育部.义务教育语文课程标准(2011 版)[M].北京：北京师范大学出版社,2012.

富的人生色彩。语文具有无与伦比的色彩,它凝聚着自然的灵气,舞动着文化的情操,书写着人生的奇妙,讲述着历史的沧桑,跳跃着人类的情感和思想。语文就这样存在于我们全方位的生活中,多彩本真,值得挖掘。

语文学科是一门实用而多彩的人文学科。听、说、读、写作为语文基本功都很重要,把文学局限于文字,本身是一种浪费。语文从来不是割裂开的文字,不是试卷上的分数,不是表格上的排名。语文是美学,是认识语文的新视角,是中华几千年传承下来的文化,这样的美值得欣赏。为了让学生能够以丰盈的知识储备和扎实的语文能力应对多彩未来;能够以深厚的文化素养和积极阳光的心态面对多彩人生。老师们在教学中,创造性重组、整合语文教材,使其形成大语文课程。多彩课程的设置,既考虑了学生的个体差异,又营造了自主、合作、探究的学习环境,较好地激发了学习兴趣,为学生搭建了提升语文素养的平台。课程既可推进学校特色建设,又可促进学生成长成才,是实现育人目标的重要载体。学生的素养是在一定的课程情境中,综合运用知识、技能、态度解决问题的一种能力。多样化课程的实施是实现学生个体多元、充分发展的主要保证,也是课程育人理想得以实现的最佳平台。

二、学科课程理念

"多"指多样、多元,"彩"指多彩、精彩。"多彩"意味着色彩之多、精彩之多、特色之多。"多彩语文"继承和弘扬我国语文教育的优良传统,注重读书、积累和感悟,侧重整体把握和熏陶感染,密切关注社会发展的需要,拓宽语文学习和运用的领域,使学生在渗透和整合中跨学科开阔视野,提高学习效率,初步养成现代社会所需要的语文素养。"多彩语文"应给予学生们更多的选择,引导他们有更多的方向,成就他们更精彩的人生。在这个信息爆炸的时代,各种信息和知识通过各种渠道在影响和冲击着我们,用"多彩语文"给学生们一双寻找的眼睛,一颗感受的心灵和一个有创造力的头脑,可以让他们更多地去感知、去接受、去创造。教师只有立足于更高的精神、文化层面上教语文,这一个个文字符号才有生命,一篇篇文章才会闪发生命的光彩。精神成长,才是贯穿"多彩语文"教学的灵魂。

"多彩语文"是内容丰富的语文。以文本为载体,进行课外延伸。语文课堂不仅仅局限于语文书。我们有责任将学生的视野引向更广阔的天地,从日常课堂入手,做真正让学生喜欢、学生受益的事情,遵循语文教学的基本规律,激发学生更大的学习语文的兴趣。

"多彩语文"是形式多样的语文。学生在丰富多彩的语文实践活动中,展示自己的风采,收获成功的快乐。通过各种语文趣味活动,营造快乐学语文的氛围,丰富学生生活,让他们在丰富的活动中充分展示自己,展现他们丰厚的文学底蕴,让学生在有趣的活动中学语文、用语文,享受成功体验的同时,也提高语文素养。

"多彩语文"是评价多元的语文。多元评价可以有效地促进评价体系的循环。每个学生都是独立的个体,衡量所有学生,我们不能只用一把尺子。多元评价是要实现评价主体的多元化、评价内容的多维化、评价标准的多样化,使学生积极主动地参与到学习过程中来,使老师更好地因材施教,关注到学生的每一次成长。

基于此,我们依据课标、依托学情、依靠活动,让师生在多彩识写、多样阅读、多元交际、多方写作、多边实践等内容丰富、形式多样的语文课程中,多维角度地感知语言之美,为每个孩子提供适合其发展的教育,让每个孩子成为最好的自己。

第二节　多元目标催生语文学习之动能

《义务教育语文课程标准(2011 年版)》指出:"语文课程致力于培养学生的语言文字运用能力,提升学生的综合素养,为学好其他课程打下基础;为学生形成正确的世界观、人生观、价值观,形成良好个性和健全人格打下基础;为学生的全面发展和终身发展打下基础。"[①]继承和弘扬中华民族优秀文化传统和革命传统,增强民族文化认同感,增强民族凝聚力和创造力,语文课程具有不可替代的优势。我们搭建多元平台,丰富学生体验。顺境是课程,逆境与失败更是重要的课程,正是在不断的失败与探索中,孩子们才能学会接受不完美,培养意志力,从而让每一个学生在个性化体验中幸福快乐地成长。

---

① 中华人民共和国教育部.义务教育语文课程标准(2011 版)[M].北京：北京师范大学出版社,2012.

从"多彩语文"这一核心概念出发,爱国路校区语文课程目标体系从显性课程目标和隐性课程目标进行分类:显性课程目标包括识字与写字、阅读、写作、口语交际、综合性学习五部分,语文隐性课程目标则包括语言建构、思维发展、审美鉴赏等。

一、学科课程总体目标

根据课程标准的要求,本校区语文学科课程的总体目标是:热爱祖国的语言文字,学会汉语拼音,正确识写 3 500 个汉字,书写美观有速。有浓厚的阅读兴趣,能够自然地朗读,结合生活环境运用多种阅读方式研读文本,在思辨中体验到情感的真实。阅读中有独特的体会、感悟和解读,能够运用阅读期待、阅读思考等环节,延伸思维空间,提升阅读质量,培养终身阅读的好习惯。通过阅读文本,心灵受到深刻的浸润,道德情操获得健康发育,生命获得升华与超越,达到"最是书香能致远,腹有诗书气自华"的境界。学习观察、思考、表达和创造的方法,在实践中学习和运用语文,流畅地用书面语言进行表达。能够在真实的情境中倾听、表达与交流,文明地进行人际沟通和社会交往。借助新技术和多种媒体开展跨领域学习。

(一) 语文显性课程目标

1. 识字与写字。第一学段的教学重点是识字与写字。它们是阅读和写作的基础,也是贯穿整个义务教育阶段的重要教学内容。让学生认真、规范地写好汉字是语文教学的基本要求。练习写字的过程是学生性情培养、态度形成、审美养成的过程,其目的是培养学生正确的写字姿势,教会学生基本的书写技能,培养学生良好的书写习惯,从而有效提升学生的书写质量。

2. 阅读。阅读教学是学生、教师、作者、文本之间的对话过程。阅读是利用语言文字获取知识、了解世界、拓展思维、赢得审美体验的重要途径。阅读应注重纵向联系和横向联系,既要有低、中、高年段之间的联系;也要有听、说、读、写之间的联系;还要有课内、课外阅读的联系,让学生在学习中具有独立阅读的能力,学会运用多种阅读方式,提升感受和理解的能力。

3. 写作。写作是认识世界、感知生活的过程,也是运用语言文字进行表达和交流的重要途径。写作时能具体明确、意思清楚地表达自己的见闻、感受和思想，是语文素养的综合体现。写作教学应丰富写作形式，激发写作热情，让学生便于动笔，易于表达，引导学生关注社会，热爱生活，健康向上，贴近生活实际，表达真实情感，提升书面语言运用能力。

4. 口语交际。口语交际是一种教学策略，目标扩展了说的价值，提高了听的地位，引荐了合作精神。说话不再是无视对象的自我表达，倾听也不再是可有可无的摆设。教学时要采用灵活的形式，选择贴近生活的话题，在具体的情境中实践，应鼓励学生在各学科课堂上以及日常生活中多种感官并用，学会倾听、愿意表达、善于应对……学会运用口语化语言文明地进行人际沟通和社会交往。

5. 综合性学习。综合性学习贯穿了各个学段，不是一门整合各学科内容的综合性课程，而是带有综合性质的语文学习的方式。它涉及自然、社会、科学、文化等方方面面的内容，其目的是提高学生语文素养，提倡与其他课程相结合，开放式、多元化地开展跨领域学习、跨学科学习，积极创建网络环境下的学习平台，发展学生学习和创造的空间，助力和丰富语文综合性学习。

(二) 隐性课程目标

我们认为，语文学科核心素养由语言建构、思维发展和审美鉴赏组成。语言是重要的交往和沟通的工具，也是有效的思维工具；语言建构与思维发展相互依存，相辅相成。语言文字是文化的载体，学习语言文字的过程是获得思维发展的过程。语文学习的过程是审美能力和审美品质发展的重要途径，语言文学作品是人重要的审美对象。在语文课程的学习中，学生以语言建构为基础，形成语文运用能力，发展思维品质与审美品质。

1. 语言建构。语言建构是让学生逐步掌握祖国语言文字特点及其运用规律，形成个体的言语经验，在具体的语境中正确使用祖国语言文字进行交流、沟通，是让学生在多彩的语言实践中，主动地积累、梳理和整合。语言建构与运用是语文素养整体结构的基础层面，也是语文核心素养的重要组成部分。

2. 思维发展。语言是思维的直接显示和外化形式，学科培养思维能力都要以语言为载体。思维发展使学生在语文学习过程中收获思维能力的发展和思维品质的提升。教师要引导学生在阅读、表达、交流等听说读写实践活动中培养语文思维,形成对客观事物的初步判断,培养思维的灵活性、创造性。

　　3. 审美鉴赏。语文课程要引导学生深入言语,悉心品味,在文学作品中感受多彩世界。语文活动是形成审美感悟、提高审美能力的重要途径。在语文学习中,学生逐步学会使用语言展示美和创造美,形成个体的审美意识和审美能力,养成健康、独特的审美情趣和审美品位。

二、学科课程年级目标

　　依据课程标准的要求、教材及教参,结合我校区语文学科课程总目标和 1-6 年级的学情,我们设置了语文年级目标,详见表 1-1。

表 1-1　"多彩语文"课程年级目标表

类别 \ 内容		课　程　目　标
一年级	上学期	学会汉语拼音。能借助汉语拼音认读汉字。认识 300 个字,会写 100 个字,掌握汉字的基本笔画和常用的偏旁部首,能按笔顺规则写字。喜欢阅读,感受阅读的乐趣。学习借助读物中的图画阅读。能认真听别人讲话,努力了解讲话的主要内容。
	下学期	利用识字方法认识 400 个字,会写 200 个字,鼓励学生在课外主动识字。诵读儿歌、展开想象,获得初步的情感体验,感受语言的优美。对感兴趣的人物和事件有自己的感受和想法,并乐于与人交流。与别人交谈,态度自然大方,有礼貌,有表达的自信心。
二年级	上学期	认识 450 个字,会写 250 个字,能注意汉字的间架结构,养成良好的写字习惯。学习独立识字,学习使用部首查字法查字典。喜欢阅读,感受阅读的乐趣。能用普通话正确、流利地朗读课文。能结合上下文和生活经验了解词句的意思,在阅读中积累词语。能认真听别人讲话,努力了解讲话的主要内容。与别人交谈,态度自然大方,有礼貌。对写话有兴趣,留心周围事物,写自己想说的话,写想象中的事物。
	下学期	认识 450 个字,会写 250 个字,初步感受汉字的形体美。写字姿势正确,书写规范、端正、整洁。掌握多种识字方法,能熟练使用部首查字法查字典。爱上阅读,诵读儿歌和浅近的古诗,养成爱护图书的习惯。对感兴趣的人物和事件有自己的感受和想法,并乐于与人交流。有表达的自信心,能积极参加讨论,敢于发表自己的意见。在写话中乐于运用阅读和生活中学到的词语。

类别	内容	课　　程　　目　　标
三年级	上学期	对学习汉字产生深厚的兴趣,养成主动识字的习惯。认识常用汉字 250 个,会写常用汉字 250 个。能用普通话正确、流利、有感情地朗读课文。能试着一边读一边想象画面。能运用多种方法理解难懂的句子。乐于书面表达,增强习作的自信心,愿意与他人分享习作的快乐。大胆想象,能不拘形式地写下自己的想象故事。能用合适的语气,从别人的角度着想劝告别人。能小组分工合作,用不同方式收集介绍传统节日的资料。
三年级	下学期	认识常用汉字 250 个,会写常用汉字 250 个。有初步的独立识字能力。会运用音序和部首查字法查字典。能使用硬笔书写正楷字,做到规范、端正、整洁。写字姿势正确,有良好的书写习惯。能借助关键语句概括一段话的大意,了解课文是怎么围绕一个意思把一段话写清楚的。尝试在习作中运用自己平时积累的语言材料,特别是有新鲜感的语句。能以适当的方式展示综合性学习的成果。
四年级	上学期	认识 250 个字,会写 250 个字,继续练习用钢笔写正楷字,写得正确、端正、整洁;初步学会用毛笔临帖,初步养成认真临摹的习惯。能正确转述别人的话,初步学会完整地讲述一件事。会正确、流利、有感情地朗读课文;能借助重点词句,背诵指定的课文;能带着问题默读课文,了解主要内容。初步学会有顺序有重点地观察图画和周围的事物,能条理清晰地记叙一件事;初步学会写留言条,学会写信,掌握普通书信和信封的书写格式。
四年级	下学期	认识 250 个字,会写 250 个字,养成主动识字的习惯。会使用字典、词典,有独立识字的能力。能用钢笔熟练写正楷字,用毛笔临摹字帖。能用普通话正确、流利、有感情地朗读课文。体会课文中关键词句表情达意的作用。能初步把握课文的主要内容,体会文章表达的思想感情。能复述叙事性课文的大意。能把内容写得比较具体。会写简短的书信便条。
五年级	上学期	认识 200 个字,会写 220 个字,能用钢笔书写楷书,行款整齐,并有一定的速度。能用普通话正确、流利、有感情地朗读课文;默读有一定的速度,并能抓住文章的大意;能联系上下文和自己的积累,体会课文中含义深刻的句子;在阅读中揣摩文章的记叙顺序,体会作者的思想感情,初步领悟基本的表达方法;阅读说明性文章,能抓住要点,了解文章的基本说明方法;学习浏览,根据需要搜集信息;养成读书看报的习惯,课外阅读总量不少于 25 万字。能写简单的记实作文和想象作文,内容具体,感情真实。能运用说明方法,有条理地介绍物品。学写简单的读书笔记、读后感和内容梗概。能修改自己的习作。交流中,能尊重和理解对方。学会倾听,能抓住别人讲话的要点。

续　表

类别\内容		课　程　目　标
五年级	下学期	认识 200 个字,会写 150 个字,能用普通话正确、流利、有感情地朗读课文;理解课文内容,领会多种表达方法。初步感知文言文,结合注释,了解课文的意思,积累重点文言字词的意思。学习小说,能抓住人物描写,感受、体验和评价人物。课外阅读量不少于 25 万字。养成留心观察周围事和人的习惯,有意识地丰富自己的见闻,珍视个人的独特感受,积累习作素材。能写纪实作文,内容具体,感情真实。学习写发言稿,学会缩写、扩写、续写和改写。关注身边的大事小事,把事情说清楚,能谈看法,说理充分。
六年级	上学期	会正确书写 180 个字,培养学生书写兴趣和书法爱好。有一定的阅读理解能力,具备在阅读中分析、概括、抽象和归纳的能力。用较快的速度默读,并能边读边思考。把握主要内容,积累优美语言,了解文章表达的顺序,体会作者的思想感情,初步领悟文章的基本表达方式,进一步激发阅读兴趣。课外阅读量不少于 25 万字。仔细观察生活,积累素材,乐于把所见、所闻、所思、所感记下来。习作有一定的速度,每学期不少于 8 次。
	下学期	会写 80 个字,累计会写 500 个字,会认 3 000 个字。能用毛笔书写楷书,在书写中体会汉字的优美。阅读时,能联系上下文或结合生活实践,进行独立思考,有自己独特的见解。把握主要内容,体会作者的真情实感,了解文章的记叙顺序。阅读浅显的文言文,借助注释和工具书理解内容,注重积累文言字词。课外阅读量不少于 25 万字。懂得写作是为了自我表达和与人交流。学会用具体事实说明道理的写法,完成习作,内容具体,条理清晰,详略得当。写毕业赠言,策划毕业联欢会,毕业前汇报演出,为小学阶段画上一个完美的句号。

第三节　多样课程达成语文能力之提升

　　"多彩语文"从不同学生的个性化需求出发,制定了既观照到应试又观照到语文素养的课程体系,强化课程的针对性,并不断地论证课程实效,在常规课程以外开设有趣、有用、有效的特色课程和学科活动,提升学生的表达能力,拓展学生的见闻,增长学生的语文学科素养。致力改变学科课程知识体系呆板、僵化的现状,适应不同孩子发展的需要,合理建构课程结构,尊重孩子个体发展的自主选择权,体现课程的综合性和自主性。站位整体,向外辐射,力争让孩子学得活、学得广、学有所长。

一、学科课程结构

　　基于"多彩语文"的学科理念和课程目标,我们设置了"多彩识写"、"多样阅读"、"多方写作"、"多元交际"、"多边实践"五大块内容。"多彩语文"课程结构是各板块的配合和协调,它是课程体系的支撑。"多彩语文"课程结构见图 1-1。

图 1-1　"多彩语文"课程结构图

(一) 多彩识写

　　落实"认写分开"、"多认少写"的理念。对于要求认的字,能读准字音,大致懂得字的意思;对于要求写的字,能读准字音,理解意思,写得正确、工整,还能在口头及书面形式中正确运用。严格按照《义务教育语文课程标准(2011 版)》要求,对会写和会认的字的不同要求进行教学,遵从多认少写,并不是说多认不写。写字的数量降低了,但写字训练的质量并不降低。一则,我们将把更多的时间还给识字、写字教学,确保识字、写字教学在低段教学重点的地位;再则,要掌握认读识写的方法,注意从课堂识字走向生活识字,提升学生的识字能力。①

(二) 多样阅读

　　任何语言的学习都离不开阅读、积累和应用。语文阅读教学,承担着积累语言

---

① 熊妹.学得扎实,写得漂亮——识字写字教学策划[J].湖南教育,2018(09).

的责任,主要包含语言素材、语言规律、语言范本的积累。阅读对提高学生的理解能力,促进学生的全面发展,有着深远的意义。学生们在阅读中理解语言,在阅读中积淀语言。学生语言强化的重要过程是背诵。通过熟读成诵,学生的语言积淀深厚了,语言感悟能力提高了,语文核心素养无形中也就提升了。多样的阅读活动,使学生掌握了有效的阅读方法,让学生在积极的思维状态下深入理解,获取深刻的阅读体验,全面促进语文综合能力的提高。

(三) 多方写作

在习作教学的每个环节尝试设计思维支架,让学生获得有力度的思维支持。《义务教育语文课程标准(2011年版)》对学生写作总的目标要求是:"能具体明确、文从字顺地表达自己的意思,能根据日常生活需要,运用常见的表达方式写作。"①中小学作文教学是打基础的习作阶段,不能定位过高,贪大求全,不利于学生入门。写任何文章都要经过"物质——精神——物质"这样一个由内化到外化的双向转化过程,大千世界、缤纷生活就是活的"多媒体"。只有热爱生活,善于观察生活,捕捉事物表象,主动注入情感,学生才能取得真切感受和情感体验。

(四) 多元交际

口语交际对学生口头表达能力、日常人际交流能力、习作能力都有着无可比拟的作用,它是衡量语文素养的重要指标。以适合学生年龄特点的活动样式,将话题表达功能和口语交际功能,融进学生课堂学习与课外生活的口语交际情境中,便于让学生通过口语交际活动将知识内化,变成学生的内在才能和体验。口语交际是在真实的交际状态下发展交流的能力。所有的口语交际,都直接指向为什么交际、交际有什么用,是为了达到与人沟通的需要。所以,口语交际能力所包含的,不是听说能力的简单叠加,而是包含着丰富的交流技巧、应对策略等因素。

(五) 多边实践

多边的语文实践活动依托语文学习开展。通过"多边实践",使学生能够将语

---

① 中华人民共和国教育部.义务教育语文课程标准(2011版)[M].北京:北京师范大学出版社,2012.

文知识和能力融汇贯通，学以致用，打通学习与生活的壁垒。语文综合性学习强调学生的自主性，关注积极的、主动的参与精神，建设团队合作精神，是动态的实践过程。语文综合性学习具有开放性、探究性、自主性、综合性的特点。教学中，教师合理运用多种方式，更利于学生自主、创意表达，享受语文的乐趣，还要注重利用综合性学习具有合作性、自主性与实践性强的特点来激发学生学习语文的热情与兴趣。它已经走进了学生的生活，走进了学生的内心，成为了学生展示自我、发展个性的舞台。

二、学科课程设置

我们遵循语文教育教学和学生认识发展及成长规律，稳步推进并逐步完善"多彩语文"课程设置。"多彩语文"课程设置不仅让学生感悟、积累、运用语言，更重要的是用一种宏观开放的视角拥抱祖国语言文字，形成语文情怀和语文素养。"多彩语文"课程是结合语言文字知识进行联系，针对在校学生实际情况，量身打造的课程。所有课程依据各年级学生情况，由易到难、由浅入深、由单一到综合，循序渐进贯穿一至六年级各个学段，并根据不同学段的知识储备和学生需求编制不同的内容，由各年级段的任课老师组织实施，从而激发、引导学生能动、自主地学习，让学生把知识和经验转为语文能力，生成语文素养。具体课程设置见表1-2。

表1-2 "多彩语文"课程群设置表

类别 \ 内容		多彩识写	多样阅读	多方写作	多元交际	多边实践
一年级	上学期	识字游戏	儿歌串烧	你说我写	表达乐园	悦读展演
	下学期					
二年级	上学期	汉字达人	手不释书	乐写善思	谈天说地	用以促学
	下学期					
三年级	上学期	谜语大厦	童音美读	趣编童话	美文推荐	古话佳节
	下学期					
四年级	上学期	趣味汉字	唐诗鉴赏	生活日记	快乐导游	照片的故事
	下学期					

类别＼内容		多彩识写	多样阅读	多方写作	多元交际	多边实践
五年级	上学期	书法墨香	宋词漫步	佳作有约	能言善辩	名著赏析
	下学期					
六年级	上学期	汉字积累王	浸润书香	笔友会	课前一播	校园小记者
	下学期					

第四节　多方途径助力语文实践之效能

　　语文是促进学生全面发展和终身发展的核心课程。培养学生语文能力的有效途径和语文思维的最佳方式是语文实践活动。语文素养是一种内化于心的技巧和能力。"多彩语文""教"的是知识,"育"的是文化。"多彩语文"从建构"五彩课堂"、建设"出彩课程"、打造"七彩社团"、创办"华彩语文节"、深入"多彩探究"这五方面入手,在语文课程中引导学生领悟语文之美,践行"多维角度感知语言之美"的理念。通过多种途径的实施方式,真正促进学生的全面发展,同时通过评价表这个检验课程实施效果的"试金石"不断完善课程,真正实现课程育人的目的。

一、建构"五彩课堂",提升语文课程实施品质

　　课堂是学生学习的主阵地。课堂教学的目标是高效,课堂教学的手段是务实。"五彩课堂"在内涵上指向学生的全面发展,关注学生身体、心理、思想、行为习惯、文化修养、艺术素养等多方面素质的发展,关注学生的和谐发展,关注每个人潜能的充分发展。

（一）"五彩课堂"的实践与操作

　　1. 有效备课。着眼目标。每一个学段都有阶段性目标。教师要学会分解课

程目标,从学段——教材——单元——课文——课时,既要宏观调控,又要微观操作,使语文三维目标逐步落实。着眼教师。教师应该根据自己的特点,按自身的优势来选择合适的教学行为,设计自己个性化的教学,创造独特的教学风格。着眼学生。教师要以学生思维为基点,有机结合学生需要,让每一位学生拥有学习语文的热情;让每一位学生在语文的天地里自在成长;让每一位学生能勇敢探究、个性发展,为终身学习和适应未来社会发展打下坚实基础。着眼文本。教师要根据教学计划、实际情况精选教学内容,精心设计每一节课,尽可能利用一切可以利用的资源。教师应深入钻研文本,慧眼识"文",既要洞察文本的情感态度、价值观内涵;又要关注文本的语言特性,并在教学中充分利用这些语言,引导学生产生新的生成,以文为根,以生为本,滋生语文素养。

2. 有效教学。教学过程中,教师要十分注重学生的情感体验,开发多样化的教学内容,适应学生个性化的学习需要,激发与培养学生语文学习的兴趣。注重有效讲授。有效讲授要注重良好的课堂秩序,减少不必要的时间消耗,创造"动而有序,静而灵动,动静结合"的课堂环境。有效教学要注重教学内容的选择,要符合学生的能力实际、生活实际;有效教学要注重少而精。少,才能突出重点,引发学生的重视;精,才能聚焦难点,强化学生的认知。有效教学还要注重学习指导。学习的指导要恰当、适度、有效。当学生的话题偏离时,教师应体现出引导性,牵引学生思维回到主线;当学生的思路阻塞时,教师应体现出启发性,推动学生思维向前行进。向40分钟要效率,通过深入课堂,常态观课,参加"一师一优课"、"探索杯"和"微笑杯"教学竞赛评比等活动践行"五彩课堂"。

(二)"五彩课堂"的评价

"五彩语文课堂"评价标准在本校区"微笑课堂"的评价标准基础上,结合语文学科特点进行优化。以学生为中心进行有效激励与沟通;以课程标准作为立足点,审视课程目标的设定;以语文学科核心素养的基础性和发展性的延展,定位"五彩课堂"课程内容的落实;用课程中学生与教师的效果评价实施情况。"五彩课堂"评价详见表1-3。

表 1-3　"五彩课堂"的评价表

姓　名		学　科		授课班级				
时　间		课　题		总　分				
评　价　指　标				等级(分值)				得分
				优	良	中	差	
教学目标 10分	符合学科课程标准、教材要求和学生实际,教学目标明确、具体、多元化。			10	8	6	4	
教学内容 20分	1. 正确把握教学内容,抓住关键,突破难点,突出重点,贴近学生实际。			10	8	6	4	
	2. "量、度、序"安排恰当,合理、科学地创造性使用教材,注重学科之间的整合与相互渗透,努力发掘教材中的"多彩"因素,抓住课堂上的生成点,精心设计轻松、和谐的课堂环境。			10	8	6	4	
教学策略 与方法 40分	1. 围绕目标创设灵活的、有助于学生学习的情境,营造民主、平等、互动、开放的学习氛围。			10	8	6	4	
	2. 善于引导学生主动学习、合作学习,敢于质疑创新,指导具有针对性、启发性、实效性。			10	8	6	4	
	3. 善于抓住课堂生成,迅速、准确地作出判断,智慧地采取行动。			10	8	6	4	
	4. 根据年段特点,以学定教,优化教学设计,能激发学习兴趣,培养思维品质。			10	8	6	4	
教学效果 30分	1. 学生获得的基础知识扎实,掌握解决问题的基本策略和能力。			10	8	6	4	
	2. 学生发言自信,提问大胆,思考独特,讨论热烈。			10	8	6	4	
	3. 情感得到熏陶,态度、价值观等方面得到相应的发展。			10	8	6	4	
简　评								
备　注	各项累计得分 90 以上为优,89—80 分为良,79—60 为中,60 分以下为差。			评议人				

二、建设"出彩课程"，充实语文课程教学内容

"出彩课程"是在基础课程的基础上，根据学情、师情、校情创造性研发的多个课程。它使"多彩语文"课程群的内容更加丰富。而课程的丰富性是课程群发展的基础，同时课程的精致性决定了课程群的质量。

（一）"出彩课程"的实践与操作

"出彩课程"的建立指向语文学科核心素养，以学生发展需求为支点体现其内在关系，相互呼应，环环相扣。

"出彩课程"立足目标，整合基础课程。小学语文教材的编写是以单篇呈现的，以往教师们逐篇讲解缺乏结构性，"出彩课程"以整合的方式对丰富的课程资源进行解构和重组，将"教教材"的老旧模式进行更改，形成"用教材教"的大语文理念。"出彩课程"有统一的目标，相同的主题，因时而教，因地制宜，采用一篇带多篇、问题驱动进行主题式学习、群文阅读。

"出彩课程"借助活动，发展嵌入课程。嵌入类课程具有形式多样、时间灵活等特点。我们采取"短平快"的实施模式，在晨读、课前 10 分钟等时间开展活动融合，实施短小课程；利用"活动周"的实施模式，在课后、周末时间举办活动嵌入实施深度课程。我们以学生的活动为主要课程形式，体现了"教、学、做"的统一。

（二）"出彩课程"的评价标准

结合"出彩课程"的实践和操作，可以判断优秀课程要具备目标意识、统整材料；活动体验、拓宽领域；自主发展、形成特色等特点。

第一，"出彩课程"具有目标意识，能够统整学习材料。"出彩课程"的实施，是素质教育的一个重要体现。学生在"出彩课程"中整合语文知识、了解语文体系，有利于促进个性发展、能力提升，为学生热爱语言文字、培养语文习惯、运用语文知识，打下扎实的基础。

第二，"出彩课程"重视活动体验，能够拓宽学习领域。"出彩课程"的开发重视学生的生活体验，在实施中更加重视学生的活动体验，在课程活动中适度拓宽语文学习和运用的领域，激发语文学习的浓厚兴趣，让学生在高效的课程活动中发展语

文素养。

第三,"出彩课程"提倡自主发展,能够形成学习特色。课程要关注学生的个体差异和不同学习需求,在实施过程中形成特色。教师在课程中及时反思与总结,积累典型教学案例,加强课程教学研究等,以达到提高课程品质的成效。"出彩课程"评价细目见表1-4。

表1-4 "出彩课程"评价细目表

项目	评 价 内 容	评价形式	评价等级 (优良中差)
理念	能开发、挖掘有意义的课程内容,满足学生兴趣发展的需求,促进学生互助共进,内容有可学性、迁移性等特点,并能及时修整。能有效地采用启发式、讨论式等教学方法,面向全体学生,顾及不同层次学生的学习特点,进行设计、组织、调控教学。	看活动方案、学期活动小结等。	
设计	制定以活动为主要实施方法的课程纲要,并根据课程纲要制定一份课程实施计划。立足于培养学生学习语文的兴趣,教学设计以培养学生听、说、读、写等语文实践活动为主,在实践中提高学生语文素养。	看活动记载本中的课程纲要。	
实施	能根据教材特点和学生学习实际,精心设计教学过程。教学中,能根据课堂生成情况,灵活、机智、恰当地调整教学方法和教学进程。	看活动记录、学生问卷调查、随机访谈、学生活动感受记录。	
评价	学生学习积极性高,有问题意识,善于发表自己独到的见解和独特的感受,乐于参加学习活动,敢于创新。	看评价方案、学生成果展示。	
反思	学生得到充分的语文实践机会,语文素养得到相应的发展。不同程度的学生均得到应有的发展。	个别访谈、查看反思。	

三、打造"七彩社团",点燃语文课程学习兴趣

语文组社团活动本着传承中华文化,陶冶性情品德,提高核心素养的原则,旨

在通过社团活动培养学生争做"腹有诗书气质华"的少年君子。语文组围绕听说读写几个核心要素，针对各学段不同特点，开展了全方位、立体化的社团课程体系。"七彩社团"以促进学生多元化成长、个性化发展为目标，真正实现学生对语文的认知、体验、感悟、内化。

（一）"七彩社团"的实践与操作

我们不仅有基础类和多样的必修类课程，也提供了丰富的选修类课程，充分尊重学生的选择权。门类丰富，打开思路。以"每一位学生每学期至少参加一个语文社团"为建设目标，指引学生广泛参与各类社团活动，力争让每个学生都能掌握一项语文专项特长。我们组织专门机构、特长教师负责七彩社团，定期开展学习研究，协调校内外、课内外关系，保障社团方案正常实施。

1. "故事小达人"社团。生动、有趣的故事情节，很容易吸引小学生并将其带入语言学习的氛围中。"故事小达人"社团的开展，希望学生在创设的情境中快乐地读故事、学故事，并绘声绘色地讲故事，逐步达到熟练、灵活运用语言的目的。同时，故事中的美与丑、善与恶等思想内容的强烈对比，会激发学生们的情感，使之产生共鸣，促进学生全面发展。在这里，他们可以分享阅读的喜悦；在这里，他们可以自信大方地表达。学生们一起徜徉在充满爱的阅读大海中，谱出一曲曲动人的成长篇章。

2. "课本剧表演"社团。学生们对这个新奇的世界充满了好奇感，他们不仅会听到下雪、花开……的声音，甚至能闻出彩虹的味道。学生们爱想象，他们常常利用课本剧表演发挥想象力和创新力。教师引导他们观察世界，培养其独特视角和创造思维。学生们在表演过程中，感悟文本的内涵，善用表情、动作来表现故事内容和自信心。让学生们对所表演篇目有深刻认识和独到见解，最大限度地发挥特长。

3. "小小书法家"社团。兴趣是最好的老师。一次次书法练习，既动手又动脑，让学生沐浴在"墨文化"下，浸润在传统文化中，与圣贤对话，学先贤礼德，悟人生之智。一张张精美作品的呈现，见证了学生们的茁壮成长。久而久之，学生不仅能练成一手好字，还能在潜移默化中养成一种认真、细心的习惯，变得沉着、冷静，不仅能提高学生自身心理素质,更能推进传统文化的传承。

4.“经典阅读”社团。中华经典文化源远流长,不仅文字精炼,而且内涵丰富,体现了我国语言文字的高度凝炼性和技巧性,对于促进学生全面发展有着不可替代的作用和意义。通过经典阅读,与大师对话,汲取民族精神的源头活水;通过诵读熟背,扩大阅读量,扎下语文学习的厚实功底。诵读经典,汲取营养,启迪心智,使学生在道德、文化、智能等方面的素质得到全面提升。

(二)“七彩社团”的评价标准

丰富多彩的社团活动,激发了学生学习语文的兴趣,让学生体验了成功的喜悦,得到了全面发展的机会。特依照情感态度、合作交流、实践能力、成果展示等项目制定相应的评价标准。“七彩社团”评价标准具体见表1-5。

表1-5 “七彩社团”评价表

社团名称: 辅导教师: 评价时间:

评价项目	评 价 标 准	评 价 结 果			
		个人评	同学评	教师评	总 评
情感态度	1. 参与活动。				
	2. 提出活动的设想、建议。				
	3. 克服困难和挫折。				
合作交流	1. 帮助同学。				
	2. 倾听同学的意见。				
	3. 对班级和小组的学习有贡献。				
实践能力	1. 会用多种方法搜集、处理信息。				
	2. 动脑、动口、动手参与。				
	3. 会与别人交往。				
	4. 学习、研究方法多样。				
成果展示	1. 活动过程记录。				
	2. 演示、汇报。				
	3. 成果有创意。				

小伙伴说：	老师说：	爸爸、妈妈说：
我对自己说：		

注：评价结果分 A、B、C、D 四个等级。A. 优秀；B. 良好；C. 一般；D. 尚可。

四、创办"华彩语文节"，营造语文课程学习氛围

在语文节活动中，学生的学习研究要贯穿整个活动。活动的前期准备应该是学生学习成长的重要环节。综合性学习就是让学生在项目学习、专题活动中，积极地获取知识、应用知识来解决问题，获得亲身参与的体验，并培养合作、分享、收集、分析等综合能力。学生们在一次次自主性、合作性、探究性的学习中激发潜能，在实践中培养了观察能力、表达能力、交往能力、组织能力、合作能力等。

（一）"华彩语文节"的实践与操作

日常学习之余，为营造乐学、爱学语文的氛围，做学生语文学习的引路人，学校根据学情，结合自身条件，开设"华彩语文节"活动。每年一次，以不同的语文学习主体作为每一届语文节主体，从听、说、读、写角度开展多样化、趣味化、参与度高的活动。如：整本书阅读分享会、挥毫书法比赛、读书漂流、经典片段展演、作文节、名著赏析会等。以喜闻乐见的活动形式，提升学生参与度，激发学生学习潜能，在活动中达到学语文、用语文、爱语文的目的。

1. 整本书阅读分享会。组织四到六年级的学生按照不同的主题，把自己读过的书带来进行分享，先由班级选出优秀作品以填写分享表格的方式，在校园橱窗内进行展示。

2. 挥毫书法比赛。利用下午放学后的时间，将一至六年级在硬笔、软笔书法方面有特长的学生集合在操场上，统一比赛内容和比赛时间，评委现场打分，将优

秀作品展示在学校文化走廊内。

3. 读书漂流。各班提前半个月准备,制定主题,精选 10 本图书进行年级漂流。学生以书为媒,可广交朋友;学生好书共享,让书香远播;学生阅读交流,畅谈收获。

4. 经典片段展演。以年级为单位选择语文课本类的经典篇章或名著的经典片段进行排练,集中一周分年级进行展演。活动为学生们提供了展示风采、锻炼自我的平台,做到寓教于乐,以演促学,以美育情。

5. 作文节。一至二年级以看图写话为主;三至四年级以想象作文、编写童话为主;五至六年级以读后感、建议书为主,在年级间进行横向比赛,各年级选出 10 篇优秀作文在校园微信公众号进行推广。

6. 名著分享会。邀请作家进校园与学生面对面,拉近学生与书籍、与作家的距离,点燃学生强烈的读书热情。在与作家近距离畅谈中,感受经典文化内涵,明白多读书、读好书、勤写作的意义。

(二)"华彩语文节"的评价标准

1. 学生的参与度。根据学生的参与度,来判断每一届语文节的实际效果。学生对设置的语文活动是否愿意积极参与,是否符合学生兴趣,难易程度是否能被学生接受,这是参与度的直接体现。因此,学生的参与度是最直观的评价标准。

2. 活动的趣味性。活动的目的不仅仅是为了学习语文知识,更在于激发学生对语文的兴趣。因此,不能单纯以知识性为活动设计的目标,而更要注重活动的趣味性。正所谓兴趣是最好的老师。

3. 活动的多维度。语文节活动要侧重于听、说、读、写等不同方面,不可只针对某一方面开展,要全面激发学生的语文学习能力,拓宽学习的语文学习领域,让学生在开放中积累,多层次积累,全方位积累。

五、深入"多彩探究",丰富语文课程学习内涵

"多彩探究"改变了以课堂为中心、以教师为中心的学习模式,是综合运用语文

知识、整体发展听说读写能力、有效沟通语文和其他课程、紧密结合书本学习与实践活动的探究；是新理念下的新尝试，遵循开放性、兴趣性、个性化的学习策略，使学生在轻松、自由的学习中促进多元智能的发展。①

(一)"多彩探究"的实践与操作

部编版语文教材中设置了一个重要的教学内容就是语文综合性学习。它具有综合性、探究性、实践性、开放性、体验性、合作性等诸多特点，依托语文学科，综合其他学科、学生生活等学习内容，运用合作、探究等学习方式，使学生在充满兴趣的自主活动中得到语文素养的全面提升。

1. 源于生活的学习内容。综合性学习不受课堂的限制，不受教材的限制，尊重学生意愿，发挥学习的自主性。学生由兴趣出发，学习内容的确定；研究主题的角度；问题假设的依据；学习进度的制订；学习资料的搜寻；学习小组的组合；评价方式的商讨……都由自己做主，让学生在自主、开放的氛围中绽放思维。

2. 需要转换的师生角色。教师的职责不同于以往的传统教学，而转换成开放的组织者和引导者。教师的启发、引导贯穿其中，使学生的体验得到升华和深化。学生能在学习过程中明确"自主、合作、探究"的学习方法。教师的备课和参与，开放性的思维模式必不可少，鼓励学生在学习活动中多向思维，从多角度、多维度认识同一主题。整个学习过程中，学生的"学"是显性的、自主的，教师的"教"是隐性的、辅助的。

(二)"多彩探究"的评价标准

主题鲜明的语文拓展活动，开拓了语文学习的空间，拓宽了语文学习的视野，激发了语文学习的兴趣，提高了学生的语文综合素养。通过多途径调查来获取资料，以多形式来展示调查收获，全面考核了学生的综合能力。"多彩探究"评价标准见表 1-6。

---

① 谢奇勇.中小学语言知识教学研究[M].长沙：湖南师范大学出版社,2014.8.

表1-6　"多彩探究"评价表

班级：_____　　　　　姓名：_____

活动主题					
活动过程	调查时间	调查地点	调查内容	获取资料的途径(阅读、上网、调查、咨询等)	调查收获
					我知道了：
展示汇报形式	我选择的展示汇报形式是_____。				
	(例如：汇报资料、展示图片、播放录音、现场表演、展示课件、出示实物等)				

　　总之，"多彩语文"从内容丰富、形式多样、评价多元等多方面出发，将儿童的视野引向更广阔的天地，厚实他们的文学底蕴，在丰富、多样、多元的语文课程中，受到情感熏陶，享受审美乐趣，获得思想启迪。

　　　　　　　　　　　　　　　　（执笔人：邹璐、李莎、张伶俐、周艳静）

第二章

语文是烛照
心灵的灯火

人是一棵思考的苇草。每个人自有他独特的存在感,这得益于人自身的独立思考能力。每一个心灵,都是一个生活场,潜藏着无限的能源,即能源场,亦是情感的源泉。"星火语文"就是以语文的"星星之火",通过全方位、多角度的锻炼提升,形成"燎原之势",点燃儿童的心灵之场。为每一个灿烂的生命点赞,为每一个生命点亮心灯,使孩子们的心灵在语文灯火的烛照下熠熠生辉。

➡ 星火语文：燎原之火　点亮心灯

南昌市光明学校语文组，现有教师 12 人，其中中小学一级教师 5 人。近年来，语文教研组秉承"星火语文"的"燎原之火　点亮心灯"之课程理念，定期组织听课，开展教师基本功展评等教研活动，充分发挥团队合作的力量，积极参加各类教学活动，语文课堂教学深受孩子们喜爱。

第一节　理念革新，点燃生命之火

一、学科价值观

语文，犹如生命的火种，点燃每个孩子内心的希望。随着教育部 2014 年全面深化课改《关于落实立德树人根本任务的意见》的发布①，国家对教育的重视更上一层楼，其地位愈发重要。语文作为基础学科，已成为学好其他学科的一项必要条件。语文教育，要从现象到本质，即从掌握基本语文知识开始，逐步深入学习，深入研究，不断结合生活实际，开发其运用价值，彰显它的实用工具属性。换言之，语文需要学生把从课堂学到的知识作为一种媒介、一种手段，用以与社会交流，与生活对话，在倾听、表达、书写等方面积累必要的社会经验，进而推动他们成为时代发展的主宰者。基于这种认识，结合我校语文学科的实际情况，光明学校语文学科组提出"星火语文"学科核心价值观。

二、学科课程理念

学校教育是对孩子的一种特殊的爱。在对孩子的爱的前提下，我们所提倡的"星火语文"，即指学生在教师的引导下，通过课堂教学认真掌握语文知识；结合我校

---

① 杨若男.语文核心素养研究[D].河北师范大学硕士学位论文.2017(09).

自主创设的语文特色课程,通过社团活动、特色节日、综合实践、空间拓展等途径,提高语文素养。即以语文知识的"星星之火",通过理念革新,使孩子在写作、倾听等诸多方面具备一定的素养,学生主动学习语文、热爱语文、运用语文,感受语文学科的魅力,同时引导孩子把对语文的热爱传递给周围的人,点燃孩子们的生命之火。

　　用倾听点燃生命之火。每位教师在教学的过程中,总是会向学生强调要"认真听课",可见"听"是获取信息的必要途径。教师在课堂上培养了倾听的能力,但针对语文学习角度的倾听能力的专门培养还远远不够。我们通过相关课程设置,让孩子们学会倾听,感受倾听能力培养的重要意义,提高对语言的敏感度,用倾听点燃他们的生命之火。

　　表达可点燃生命之火。日常生活中,我们内心的想法,总是会用最简单的、最快速的方式——"说",表达出来,这也是最能被人普遍接受的一种方式。语文教学要重视"说"的训练。学生学会了"说话",不但能使学生的思维能力得到发展,学生的记忆力也会有所提高,在写作方面也会取得一定的进步。我们通过设置相关课程,让孩子们善于表达,感知表达的重要意义,提高他们的表达能力,用表达点燃他们的生命之火。

　　阅读可点燃生命之火。阅读能给学生以知识,能点缀学生的生活,拓展他们的知识领域,而且可以丰富学生的想象力,增强学生的思维能力和辨别能力,增强学生的自我成长和反思能力,提高学生的个人修养①。阅读可以让学生积累更多的知识,涤荡思想,陶冶心灵,促进学生的成长。我们通过设置相关课程,让孩子们明白阅读的重要性,让孩子具备一定的阅读能力,以阅读点燃他们的生命之火。

　　写作可点燃生命之火。写作,是语文教学的命脉,即最关键的部分,它体现着思辨、表达等综合能力,能最真实地反映学生的语文水平。我们通过设置相关课程,让孩子们学会写作,感受写作的重要性,培养孩子们的写作能力,用写作点燃他们的生命之火。

　　我们要站在学生的立场,借助课程理念的革新,用语文来点燃学生的生命之火,让他们善于倾听,敢于表达,倾心于写作,热衷于阅读。让孩子不仅仅获得童年

① 杜宇卓.浅谈朗读在语文教学中的重要性[J].学周刊.2012(22).

的快乐,更能养成良好的语文学习习惯,积累丰富的语言文化知识,使多角度运用语言的能力得到提高。

第二节　全面多维,引亮成长之灯

"星火语文"最重要的目标是提高学生的语文能力,点燃孩子们的生命之火,同时也将孩子们的成长之灯引亮,使孩子们在成长的过程中不惧黑暗,奋勇前行。

一、学科课程目标

语文课程,不仅注重学生语言能力的培养,而且致力于培养学生的综合素质,为学好其他学科做好铺垫;有助于端正学生的"三观",同时使我们的传统文化得到继承,红色文化得以发扬。

因此,从"全面多维"这一概念出发,我校语文课程目标分为显性课程目标和隐性课程目标。语文显性课程目标包括语文知识目标、阅读目标、写作目标、口语交际目标、综合性学习目标五部分①。语文隐性课程目标包括培养思维能力、塑造健全人格。

(一) 语文显性课程目标

1. 语文知识。这是学习语文的起步,是教研初始阶段的重点,也是义务教育阶段的重要内容。包括识字方法教学、如何写字、拼音启蒙等。要求学生学会书写的正确方法,涵养性情,培养审美志趣,端正学习态度。教师要引导学生从课堂转移到生活,不仅在课堂上,还要在日常生活中练习识字,扩充识字量。同时,学生要准确识记汉语拼音,能以此为工具读绘本等启蒙读物,体验拼音的实用性。

2. 阅读。阅读是通过语言文字去了解世界、获取信息、得到审美体验、发散思维的重要方式。阅读通过语言文字实现了教材编者、文本和师生之间的对话。同

---

① 中华人民共和国教育部.义务教育语文课程标准(2011 年版)[M].北京:北京师范大学出版社,2011.

样它也表现了学生的独特性,教师要引导学生关注文本,在健康积极的氛围中获得思考,得到审美体验。教师要向学生提供阅读方法,阅读教学应注重学生情感的体验,让学生学会边阅读边积累,培养学生独立阅读的能力,初步形成良好的语感,帮助学生提升理解能力,具备欣赏文学作品的能力,同时不断发展其个性,提升学生的精神境界。

3. 写作。写作是运用文字进行表达和交流的过程,在此过程中,学生学会了了解自我,学会了认知世界,并能够进行富有创造性的表达和描述。学生除了愿意表达,还要热爱生活,关注现实,积极向上,抒发自己的真情实感。在日常的写作教学中要开展让学生多思考、观察、创作的活动。抵制抄袭,要求学生说心里话,说真实的话,说有意义的话,假话、空话、套话坚决不说,对学生的创造性表达和自由表达要给予鼓励,为学生提供广袤的空间和有利的条件进行写作。引导学生自主选题,减少那种遏制学生发展的约束型写作。写作应该抓住选材——构思——起草——加工等步骤,引导学生在写作练习的过程中掌握写作方法。在互相修改的过程中,提升学生的写作水平。在写作过程中渗透写字训练、阅读训练等,形成系统性的教学。信息技术和网络的发展日新月异,我们要看到其中的优势,使写作形式更加丰富,进行有创意的表达,并积极展示和相互评价。

4. 口语交际。口语交际能力,通俗地讲就是口头交流的能力,这是每个现代公民都必须具备的。我们应该注重学生倾听能力、表达能力、应对能力的培养,使学生通过文明恰当的口语交际获得和谐的人际关系,同时掌握日常的基本口语交际能力,做到愿倾听,乐表达和敢交流,初步懂得运用文明的口语方式进行人际、社会交往。训练时所选择的话题,应尽可能贴近生活,在交际情境中,以灵活的方式开展此方面教学。

5. 综合性学习。注重语文与其他学科的课程相联系,与课下生活实践相结合,形成多元化的统一。综合性学习注重学生的自主能力、参与能力、合作能力等。此类学习不能是封闭、孤立式的,要开放且多元,主张结合其他课程,开展不同学科、不同领域的学习,着力提升学生语文素养,并以此为最终目标,积极搭建网络平台,创造良好的网络学习环境,拓展空间,激发学生学习兴趣和创造精神,使语文综合性学习日渐丰富多彩。

(二) 语文隐性课程目标

1. 培养思维能力。提高中小学生语言学习能力的重要因素是什么？是思维。思维能力的培养过程，使良好的心理习惯也随之养成，也是学生形成多角度的思维方式的过程，学生通过这样的思维培养，学会了怎样思考。中小学阶段是思维形成的关键期，若对学生加以正确引导，便能促使他们掌握分析问题的方法，通过逻辑思维和推理判断，学习语言知识，使语言能力得到提升，核心素养得到真正落实。

2. 塑造健全人格。教育要为学生打开一个丰富多彩的世界。以语文教学作契机，学生的人格在此过程中得到不断磨砺，日臻圆满，语文教材中所蕴含的崇高思想、优良品质，也成为了学生成长路上的"指路标"，让他们能正确地认识世界和社会，了解生活，从而促进健全人格的形成，为其发展进步打下基础。

二、学科课程目标

根据语文课程标准的客观要求，设定"星火语文"学科课程总目标，我们按不同年级分上、下学期制定目标。如表 2-1 所示。

表 2-1 "星火语文"课程年级目标表①

	识字与写字	阅 读	习 作	口语交际	综合性学习
一年级上	1. 学生喜欢学习汉字，有主动识字的愿望。 2. 学生认识常用汉字 300 个，会写其中的 100 个。 3. 学生掌握汉字的基本笔画，能按笔顺规则写字。字写得正确、端正、整洁。	1. 学生喜欢阅读，感受阅读的乐趣。 2. 学生学习用普通话正确、流利地朗读课文。 3. 学生学习借助读物中的图画阅读。 4. 学生对读物中感兴趣的内容，乐于与他人交流。	1. 学生对写话有兴趣，留心周围事物，写自己想说的话，写想象中的事物。 2. 学生写话中乐于运用阅读和生活中学到的词语。	1. 学生学说普通话，逐步养成说普通话的习惯。 2. 学生能认真听别人讲话，努力了解讲话的主要内容。 3. 学生能与别人交谈，态度自然大方，有礼貌。 4. 学生有表达的自信心。积极参加口语交际，踊跃发表自己的意见。	1. 学生对周围事物有好奇心，能就感兴趣的内容提出问题，结合课内外阅读共同讨论。 2. 学生结合语文学习，观察大自然，用口头或图文等方式表达自己的观察所得。

---

① 中华人民共和国教育部.义务教育语文课程标准(2011 年版)[M].北京：北京师范大学出版社,2011.

续　表

	识字与写字	阅　读	习　作	口语交际	综合性学习
一年级下	1. 学生认识常用汉字400个，会写汉字200个。 2. 学生喜欢学习汉字，有主动识字、写字的愿望。 3. 学生认识大写字母，熟记《汉语拼音字母表》，学习使用音序查字法查字典。 4. 学生掌握汉字的基本笔画、常用偏旁，能按笔顺规则写字，注意间架结构。 5. 学生养成良好的写字习惯，写字姿势正确，书写规范。	1. 学生喜欢阅读，能感受阅读的乐趣。 2. 学生用普通话正确、流利地朗读课文。 3. 学生结合上下文和生活实际了解课文中词句的意思，在阅读中积累词语。 4. 学生学习借助读物中的图画阅读。 5. 学生对感兴趣的人物和事件有自己的感受和想法，并乐于与人交流。 6. 学生诵读儿歌、儿童诗和浅近的古诗，展开想象，获得初步的情感体验，感受语言的优美。 7. 学生认识课文中出现的常用标点符号。	1. 学生对写话有兴趣，留心周围事物，写自己想说的话，写想象中的事物。 2. 学生写话中乐于运用阅读和生活中学到的词语。	1. 学生学说普通话，逐步养成说普通话的习惯。 2. 学生能认真听别人讲话，努力了解讲话的主要内容。 3. 学生听故事，能记住并讲述主要内容。 4. 学生与别人交谈，态度自然大方，有礼貌。 5. 学生有表达的自信心，积极参加口语交际。	1. 学生对周围事物有好奇心，能就感兴趣的内容提出问题，结合课内外阅读共同讨论。 2. 学生结合语文学习，观察大自然，用口头或图文等方式表达自己的观察所得。
二年级上	1. 学生认识常用汉字450个，会写汉字250个。要求认识的字能读准字音，结合词句了解意思，不作字形分析，不要求书	1. 学生喜欢阅读，能感受阅读的乐趣。学习用普通话正确、流利、有感情地朗读课文，能背诵指定的课文和自己喜欢的课文片段。学习默	1. 学生对写话有兴趣，写自己想说的话，写想象中的事物，写出自己对周围事物的认识和感想。 2. 学生在写话中乐于运用	1. 学生继续学讲普通话，逐步养成讲普通话的习惯。 2. 学生能认真听别人讲话，努力了解讲话的主要内容。	1. 学生热心参加校园、社区活动。 2. 学生结合活动，用口头或图文等方式表达自己的见闻和想法。

	识字与写字	阅 读	习 作	口 语 交 际	综合性学习
二年级上	写;要求会写的字要能读准字音,认清字形,理解意思,正确书写,练习在口头和书面表达中运用。 2. 学生掌握汉字的基本笔画和常用的偏旁部首,能按笔顺规则用硬笔写字,注意间架结构。初步感受汉字的形体美。 3. 学生养成正确的写字姿势和良好的写字习惯,书写规范、端正、整洁。 4. 学生会使用音序查字法和部首查字法查字典,学习独立识字。	读,做到不出声、不指读。 2. 学生借助读物中的图画阅读。结合上下文和生活实际了解课文中词句的意思,在阅读中积累词语。 3. 学生阅读浅显的童话、寓言故事,向往美好的情境,关心自然和生命,对感兴趣的人物和事件有自己的感受和想法,并乐于与人交流。 4. 学生诵读儿歌、童谣和浅显的古诗,展开想象,获得初步的情感体验,感受语言的优美。 5. 学生认识课文中出现的常用标点符号。 6. 学生积累自己喜欢的成语和格言警句。背诵优秀诗文30篇(段)。	阅读和生活中学到的词语。 3. 学生根据表达的需要,学习使用逗号、句号、问号、感叹号。	3. 学生听故事,看音像作品,能复述大意和精彩情节。 4. 学生与别人交谈,态度自然大方,有礼貌。 5. 学生有表达的自信心,积极参加讨论,对感兴趣的话题发表自己的意见。	

续 表

	识字与写字	阅 读	习 作	口语交际	综合性学习
二年级下	1. 学生认识常用汉字450个,会写汉字250个。要求认识的字能读准字音,结合词句了解意思,不作字形分析,不要求书写;要求会写的字要能读准字音,认清字形,理解意思,正确书写,练习在口头和书面表达中运用。 2. 学生掌握汉字的基本笔画和常用的偏旁部首,能按笔顺规则用硬笔写字,注意间架结构。初步感受汉字的形体美。 3. 学生养成正确的写字姿势和良好的写字习惯,书写规范、端正、整洁。 4. 学生会使用音序查字法和部首查字法查字典,学习独立识字。	1. 学生喜欢阅读,能感受阅读的乐趣。学习用普通话正确、流利、有感情地朗读课文,能背诵指定的课文和自己喜欢的课文片段。学习默读,做到不出声、不指读。 2. 学生借助读物中的图画阅读。结合上下文和生活实际了解课文中词句的意思,在阅读中积累词语。 3. 学生阅读浅显的童话、寓言故事,向往美好的情境,关心自然和生命,对感兴趣的人物和事件有自己的感受和想法,并乐于与人交流。 4. 学生诵读儿歌、童谣和浅显的古诗,展开想象,获得初步的情感体验,感受语言的优美。 5. 学生认识课文中出现的常用标点符号。在阅读中,体会句号、问号、感叹号所表达的不同语气。 6. 学生积累自己喜欢的成语和格言警句。背诵优秀诗文30篇(段)。	1. 学生对写话有兴趣,写自己想说的话,写想象中的事物,写出自己对周围事物的认识和感想。 2. 学生在写话中乐于运用阅读和生活中学到的词语。 3. 学生根据表达的需要,学习使用逗号、句号、问号、感叹号。	1. 学生继续学讲普通话,逐步养成讲普通话的习惯。 2. 学生能认真听别人讲话,努力了解讲话的主要内容。 3. 学生听故事,看音像作品,能复述大意和精彩情节。 4. 学生与别人交谈,态度自然大方,有礼貌。 5. 学生有表达的自信心,积极参加讨论,对感兴趣的话题发表自己的意见。	1. 学生热心参加校园、社区活动。 2. 学生结合活动,用口头或图文等方式表达自己的见闻和想法。

	识字与写字	阅　读	习　作	口语交际	综合性学习
三年级上	1. 学生对学习汉字有浓厚的兴趣，养成主动识字的习惯。 2. 学生认识220个生字，会写206个常用字。 3. 学生会使用字典、词典，具有初步的独立识字能力。 4. 学生能使用钢笔正确书写正楷字，做到规范、端正、整洁。练习书写毛笔字，掌握基本运笔方法，不断提高写字质量。	1. 加强学生朗读指导，学生用普通话正确、流利、有感情地朗读课文，能背诵指定的课文。 2. 学生初步学会默读，能对课文中不理解的地方提出疑问。 3. 学生能联系上下文，理解词句的意思，体会课文中关键词句在表情达意方面的作用。能借助字典、词典和生活积累，理解生词的意义。学过的词语大部分能在口头或书面中运用。 4. 学生能在教师的指导下，开动脑筋，多读多想，把课文读通，初步把握课文内容，体会文章表达的思想感情。 5. 学生在理解语句的过程中，体会句号与逗号的不同用法，了解冒号、引号、问号、感叹号的一般用法。 6. 学生学习略读来粗知文章大意。 7. 学生积累课文中的优美词语、精彩句段，鼓励学生摘抄好词佳句，加强语言的积累。 8. 学生诵读优秀诗文，注意在诵读中体验情感，领悟内容。	1. 学生留心周围事物，乐于书面表达，增强习作的自信心。 2. 学生不拘形式地写下见闻、感受和想象，注意表现自己觉得新奇有趣的或印象最深、最受感动的内容。 3. 学生愿意将自己的习作读给他人听，与他人分享习作的快乐。 4. 学生尝试在习作中运用自己平时积累的语言材料，特别是有新鲜感的词句。	1. 学生能用普通话交谈，在交谈中能认真倾听，并能就不理解的地方向人请教，就不同的意见与人商讨。 2. 学生能具体地讲述故事、讲笑话、办画展、评一评，努力用语言打动他人，能说出自己的感受和想法。 3. 学生会接待客人，动脑筋解决问题等。	1. 学生能提出学习和生活中的问题，有目的地搜集资料，共同讨论。 2. 学生结合语文学习，观察大自然，观察社会，书写与口头表达结合自己的观察所得。

续　表

	识字与写字	阅　读	习　作	口语交际	综合性学习
三年级上		9. 学生养成读书看报的习惯，收藏并与同学交流图书资料。			
三年级下	1. 学生对学习汉字有浓厚的兴趣，养成主动识字的习惯。 2. 学生认识常用汉字250个，会写汉字250个。 3. 学生有初步的独立识字能力。会运用音序检字法和部首检字法查字典、词典。 4. 学生能使用硬笔熟练地书写正楷字，做到规范、端正、整洁。用毛笔临摹正楷字帖。 5. 学生写字姿势正确，有良好的书写习惯。	1. 学生用普通话正确、流利、有感情地朗读课文。 2. 学生初步学会默读，做到不出声、不指读。学习略读来粗知文章大意。 3. 学生能联系上下文，理解词句的意思，体会课文中关键词句表情达意的作用。能借助字典、词典和生活积累，理解生词的意义。 4. 学生初步把握文章的主要内容，体会文章表达的思想感情。能对课文中不理解的地方提出疑问。 5. 学生复述叙事性作品的大意，初步感受作品中生动的形象和优美的语言，关心作品中人物的命运和喜怒哀乐，与他人交流自己的阅读感受。 6. 学生诵读优秀诗文，注意在诵读过程中体验情感，展开想象，领悟诗文大意。 7. 学生养成读书看报的习惯，收藏图书资料，乐于与同学交流。课外阅读总量不少于40万字。	1. 学生乐于书面表达，增强习作的自信心。愿意与他人分享习作的快乐。 2. 学生观察周围世界，能不拘形式地写下自己的见闻、感受和想象，注意把自己觉得新奇有趣或印象最深、最受感动的内容写清楚。 3. 学生能用简短的书信、便条进行交流。 4. 学生尝试在习作中运用自己平时积累的语言材料，特别是有新鲜感的词句。	1. 学生能用普通话交谈。学会认真倾听，能就不理解的地方向人请教，就不同的意见与人商讨。 2. 学生听人说话能把握主要内容，并能简要转述。 3. 学生能清楚明白地讲述见闻，说出自己的感受和想法。讲述故事力求具体生动。	1. 学生能提出学习和生活中的有目的地搜集资料，共同讨论。 2. 学生结合语文学习，观察大自然，观察社会，用书面或口头方式表达自己的观察所得。 3. 学生能在教师的指导下组织有趣味的语文活动，在活动中学习语文，学会合作。 4. 学生在家庭生活、学校生活中，尝试运用语文知识和能力解决简单问题。

	识字与写字	阅　读	习　作	口语交际	综合性学习
四年级上	1. 学生认字200个,会写汉字200个,养成主动识字的习惯。 2. 学生会使用字典、词典,有独立识字的能力。能用钢笔熟练书写正楷字,用毛笔临摹字帖。	1. 学生能用普通话正确、流利、有感情地朗读课文。 2. 学生体会课文中关键词句表情达意的作用。 3. 学生能初步把握文章的主要内容,体会文章表达的思想感情。能复述叙事性课文的大意。 4. 学生养成读书看报的习惯,收藏并与同学交流图书资料。	1. 学生留心周围事物,勤于书面表达。能把内容写得比较清楚、比较具体。 2. 学生会写简短的书信便条。能修改习作中有明显错误的词句。	1. 学生在交谈中能认真倾听,养成向人请教、与人商讨的习惯。听人说话能把握主要内容,并能简要转述。 2. 学生能清楚明白地讲述见闻,并说出自己的感受和想法。	学生在综合性学习活动中,有目的地搜集资料,提出不懂的问题,开展讨论。
四年级下	1. 学生会写汉字200个,了解字义,正确书写。 2. 学生查字典,知道词语的意思,联系上下文理解词语,会用词语造句,把字词学习和日常生活联系起来。 3. 学生准确朗读课文,注意字词读音。根据造字法识记生字,如形声字,可以根据声旁猜测读音。	1. 学生掌握基本的阅读方法,能理清文章的顺序、层次,会概括主要内容。 2. 学生能根据上文和下文猜测出一些词句的意思,帮助理解作者要表达的思想感情。 3. 学生养成自主阅读的好习惯,同时能根据课内阅读发散思维,链接课外阅读,形成阅读拓展。	1. 学生完成8个单元的作文,每篇不少于400字,根据相关课文的课后要求进行小练笔训练。 2. 学生在日常生活中勤观察、多思考,随时记录身边的景物、人物、事件,用心发现周围的美景、发现身边的榜样。	1. 学生能把课文内容用自己的话进行描述,在课堂上回答问题的过程中,锻炼口语表达,有条理地说清问题的关键,做到随时学、随时说。 2. 学生课后语言表达练习要适时跟进,可经常与家人进行语言表达练习,激发孩子对语言表达的兴趣。	1. 学生参加多种多样的实践活动,活动内容既与课堂学习的知识有关,也要与日常生活相关,通过实践巩固自己的知识储备。 2. 学生学会用所学到的语文知识解决实际生活中的问题,并发现问题。

	识字与写字	阅　读	习　作	口 语 交 际	综合性学习
五年级上	学生会写150个字。教师可要求学生提高写字的速度，并养成良好的写字习惯；及时纠正学生在书写过程中出现的问题。老师可以就难写的字、易混淆的字形作重点指导，以寻求写字质量的提高。	1. 教师加强阅读技巧训练，培养学生自主的读、写能力，落实情感、态度、价值观的目标。 2. 学生识字量将逐渐加大，阅读理解的能力也需提高。学生在理解课文的基础上，教师要给予学习方法的指导，学习不同的表达方法。	1. 教师落实教学目标的同时，还要结合学生实际，灵活选择教学内容，安排教学过程。 2. 修改能力是习作能力的一个重要方面，认真修改也是一种良好的作文习惯。 3. 学生培养观察、思维、表达三种能力。	1. 学生能主动与人沟通交流，能清楚明白地讲述事情，并说出自己的感受和想法。同时愿意倾听别人的想法，边听边思考，组织语言开始有条理、有衔接。 2. 学生在课堂上乐于参与讨论，敢于发表自己的意见，做简单的发言。	1. 学生乐于参与各种校内外活动，能遵守活动要求，并分析和讨论主题，还能在活动后总结活动的意义与不足之处。 2. 学生体验同伴合作的乐趣与优势，在以后的实践活动中，会主动寻求团队合作，并在此基础上促进与同学间的交流，共同进步。
五年级下	1. 本册教材要求学生识字200个，写150个字。教学中，老师可以就难写的字、易混淆的字形作重点指导。 2. 教师在强调写字质量的同时，还可要求学生提高写字的速度，使学生养成良好的写字习惯；及时纠正学生在书写过程中出现的问题。	1. 注意阅读基本功。随着学生年级的升高，识字量将逐渐加大，阅读理解的能力也需提高。在进行阅读教学时，我们要培养学生自主的读、写能力，并在理解课文的基础上给予学习方法的指导，学习表达方法。 2. 落实情感、态度、价值观的目标。	1. 教师在习作前的指导和习作后的讲评中，注意渗透习作要求，落实教学目标。同时，还要结合学生实际，灵活选择教学内容，安排教学过程。 2. 学生培养观察、思维、表达三种能力。 3. 修改能力是习作能力的一个重要方面，认真修改也是一种良好的作文习惯。	1. 学生在课堂上乐于参与讨论，敢于发表自己的意见，做简单的发言。能清楚明白地讲述事情，并说出自己的感受和想法。 2. 学生能主动与人沟通交流，同时愿意倾听别人的想法，边听边思考，组织语言开始有条理、有衔接。	1. 学生主动参与校园和社会活动，并分析和讨论主题，学会遵守活动要求，能在活动后口头做出总结反思。 2. 学生在此过程中，养成团队合作意识，懂得在活动中遇到困难应在找到根本原因的基础上向他人寻求帮助，促成合作。

续　表

	识字与写字	阅　读	习　作	口 语 交 际	综合性学习
六年级上	1. 本册教材要求学生会写136个字。教学中，老师可以就难写的字、易混淆的字形作重点指导。 2. 教师在强调写字质量的同时，还可适当要求学生提高写字的速度，使学生养成良好的写字习惯；及时纠正学生在书写过程中出现的问题。	随着学生年级的升高，识字量将逐渐加大，阅读理解的能力也需提高。在进行阅读教学时，教师要培养学生自主的读、写能力，并在理解课文的基础上给予学习方法的指导。	1. 教师对教材中安排的习作内容，教学中既要注意体现要求，又要注意活用教材。 2. 教师在习作前的指导和习作后的讲评中，注意渗透习作要求，落实教学目标。同时，还要结合学生实际，灵活选择教学内容，安排教学过程。 3. 修改能力是习作能力的一个重要方面，认真修改也是一种良好的作文习惯。讲评中要重视修改，帮助学生养成认真修改习作的好习惯。	引导兴趣，促进交流。我们需要结合学生的生活实际，选择合适的话题，让学生的口语交际能够结合自己的生活经验来开展。其中，根据教材中不同的交际话题，要明确学习目标，每堂课的学习目标也应各有侧重。	1. 教师把握阅读材料的学习目标。教学中要落实学习目标，背诵相关诗歌，了解诗歌内容，学习相关知识。 2. 教学时，教师要将诗歌后面所附的注释、赏析等内容运用起来，引导学生进行自主学习，教给学生理解诗意、体会情感的方法。

续　表

	识字与写字	阅　读	习　作	口 语 交 际	综合性学习
六年级下	1. 学生复习巩固汉语拼音,学会 80 个生字,能读准字音,认清字形,理解字义,能辨析学过的形近字,同音字,多音字。 2. 学生注意积累词语,把词语归类进行正确的搭配。	1. 学生默读有一定的速度,默读一般读物每分钟不少于300 字。 2. 学生能借助词典阅读,理解词语在语言环境中的恰当意义,辨别词语的感情色彩。 3. 学生在阅读中揣摩文章的表达顺序,体会作者的思想感情,领悟文章基本的表达方法。 4. 学生诵读优秀诗文,注意通过诗文的声调、节奏等体味作品的内容和情感。背诵优秀诗文 60篇(段)。	1. 学生养成留心观察周围事物的习惯,有意识地丰富自己的见闻,珍视个人的独特感受,积累习作素材。 2. 学生能写简单的纪实作文和想象作文,内容具体,感情真实。 3. 学生能根据习作内容表达的需要,分段表述。 4. 学生学写读书笔记和常见应用文。能根据表达需要,使用常用的标点符号。	1. 学生与人交流能尊重、理解对方,有条理地表达。 2. 学生乐于参与讨论,敢于发表自己的意见,做简单的发言。 3. 学生听他人说话认真耐心,能抓住要点,并能简要转述,在对话中注意语言的使用,不使用不文明的语言。	1. 学生利用多种渠道进行资料的搜索,帮助解决学习问题,进行简单的研究报告撰写。 2. 学生能策划校园和社会活动,并分析和讨论主题,学会写活动计划和总结。 3. 学生关注自己身边的事情,或者文学作品、网络、电视中的故事,并对此进行讨论和专题演讲,学会辨别是非善恶。
七年级上	1. 学生掌握本册语文教材所要识记的生字的字音、字形、字义,并学会运用。 2. 学生练习钢笔楷书,提高书写水平。	1. 学习朗读方法,注意语气的停顿、转折,感情的转化,为培养学生语文的语感打下基础。 2. 培养良好的学习语文的习惯。养成边读边点圈勾画的阅读习惯。	1. 学生了解写作的基本技巧,理解文本的思想内容和文章的思路。 2. 学生阅读大量的课外读物,提高文字敏感度和对文本理解的深度,体会其情感。	1. 学生学会倾听,自信表达,准确转述。 2. 学生掌握口语交际的基本原则,学会文明得体地交流。 3. 学生使用文明用语,提高文明素养。	1. 学生增进对自然的了解与认识,逐步形成关爱自然,保护环境的思想意识和能力。 2. 学生主动积极地参与社会和服务社会,

	识字与写字	阅　读	习　作	口语交际	综合性学习
七年级上					增进对社会的了解和认识。 3. 学生逐步掌握基本的生活技能和劳动技术,具有自我认识能力。 4. 学生发挥主动获得知识和信息的能力,养成主动地获得信息的学习习惯和主动探究的态度。
七年级下	1. 学生掌握本册语文教材所要识记的生字的字音、字形、字义,并学会运用。 2. 学生练习钢笔楷书,提高书写水平。	1. 学生要整体把握课文内容,并结合自己的经历和体验,深入体味文中的情感,注意学习文章的表达技巧。 2. 学生整体感知课文的思想内容,揣摩精彩段落和关键词句,学习语言运用的技巧。理清作者的思路。	1. 教师结合本册教材6个单元的主题,分别进行写作训练,培养学生的写作能力。 2. 学生进一步提升对作文的热爱。	1. 教师以培养学生自主、合作、探究的学习习惯为主要目的。 2. 教师倡导学生发挥自主精神,自行设计、自行组织、自行探究,在活动中培养学生发现问题、分析问题、解决问题的能力,培养学生搜集、筛选、整理信息的能力。	1. 学生能自主组织文学活动,在办刊、演出、讨论等活动过程中,培养合作能力、探究能力和表达能力等。 2. 学生初步掌握参与社会实践与调查的方法、信息资料的搜集、分析与整理的方法和研究的方法。

续　表

	识字与写字	阅　读	习　作	口语交际	综合性学习
八年级上	1. 学生掌握本册语文教材所要识记的生字的字音、字形、字义，并学会运用。 2. 学生继续练习钢笔楷书，提高书写水平。 3. 学生学写规范、通行的行楷字，具有较快的书写速度。	1. 学生要注意把握叙事性作品中的人物和事件，对作品中感人肺腑的形象、惊心动魄的情景和各具特色的语言，有自己的心得和评价。 2. 学生努力提高默读的质量和速度。 3. 学生熟读这些课文，要从中了解叙述、描写等表达方式，揣摩记叙文语言的特点。要注意课文怎样抓住特征来介绍事物，理清说明顺序，了解常用的说明方法，体会说明文准确、周密的语言。	1. 教师的作文教学要贴近生活实际，富有生活气息，灵活命题，形式多样。 2. 学生多写随笔、读书笔记，尝试互批共批，以改促写，有效提高作文水平。	1. 学生能根据对象和场合，学习文明得体、大胆地进行交流。 2. 学生学会把一件事情讲述清楚。 3. 学生乐于交往，勇于表达，喜欢上语文课。	1. 学生培养听说读写能力的全面发展，语文课程和相关课程的融会贯通，书本学习和生活实践的紧密结合。 2. 学生能够主动参加综合性学习，掌握查找资料、搜集信息的基本方法，能与同学合作探究，体验合作与成功的喜悦。
八年级下	1. 学生学会课本中的读读写写生字，能读准字音，认清字形，了解字词在语言环境中的意思，能正确书写。 2. 学生继续学写规范、通行的行楷字，	1. 学生继续练习正确、流利、有感情地朗读课文。读出不同的语气。能背诵指定的课文（特别是文言文）。在教师的指导下，能初步把握课文内容。默读有一定速度，读	学生多角度地观察生活、品味生活，捕捉事物的特征，力求有创意的表达，能根据表达的中心选择恰当的表达方式，写出感情真挚的文章。	1. 学生认真倾听别人说话，了解主要内容。 2. 学生能用普通话清楚明白地讲述一件事情，做到语句完整通顺，说话有礼貌。 3. 要在双向互	1. 学生留心周围事物，初步养成勤于观察思考和乐于动笔的习惯。 2. 学生能在观察的基础上写出比较具体的内容。

	识字与写字	阅　读	习　作	口语交际	综合性学习
八年级下	具有较快的书写速度。	后能提出问题，发表自己的感受，并就共同感兴趣的问题和别人讨论。 2. 学生能借助字典或有关资料独立阅读程度适合的读物，了解主要内容。 3. 学生逐步养成课前预习、课后复习、课外阅读的习惯。		动的语言实践中，培养学生的口语交际能力。 4. 教师鼓励学生无拘无束地进行交流，在日常生活中积极主动地锻炼口语交际能力。	3. 教师鼓励学生写想象中的事物，激发他们展开想象和幻想。
九年级上	1. 学生熟记课文中出现的生字生词的音形义。 2. 学生练习钢笔行书，提高书写水平。	1. 学生初步掌握精读、略读的方法，培养默读的习惯，提高阅读速度，能用普通话正确、流利地朗读课文。 2. 学生背诵基本课文中的一些精彩片段，初步具有欣赏文学作品的能力。	1. 学生继续学习写记叙文，能根据表达的中心，选择恰当的表达方式，合理安排内容的先后和详略，条理清楚地表达自己的意思；学会写简单的议论文，努力做到有理有据；学会写调查报告。 2. 学生本学期应完成大作文8次，小练笔等不少于10次。45分钟完成不少于500字的习作。	学生把课本中感受学习到的有关人的语文素质的东西灵活运用到生活中，从而提高自己的文化品位，例如待人接物的仪态，为人处事的心理，读书看报看电视的习惯等。	1. 学生能不拘形式、自由地把自己的见闻和想象写出来，内容具体，感情真实。语句完整通顺。 2. 学生学会使用逗号、句号、问号、感叹号、冒号和引号。 3. 学生坚持写日记。

续 表

	识字与写字	阅 读	习 作	口语交际	综合性学习
九年级下	1. 学生掌握本册语文教材所要识记的生字的字音、字形、字义,并学会运用。 2. 学生继续练习钢笔行书,提高书写水平。	1. 学生培养阅读能力,提升学生的阅读技巧。 2. 学生读文言文课文,要了解内容,背诵一些基本篇目,熟练使用常用的字典、词典,养成读书看报的习惯。	1. 学生写好记叙文,以半命题作文、话题作文训练为重点。形成作文训练序列,同时限时作文,养成写作文的好习惯。教师精选部分中考试题,组成几套专题练习,进行强化训练。	1. 学生耐心专注地倾听,能根据对方的话语、表情、手势等,理解对方的观点和意图。 2. 学生能根据不同的对象和场合,文明得体地进行交流。 3. 学生讲述见闻,内容具体、语言生动。复述转述,完整准确、突出要点。	1. 学生做到课堂内外、学校内外的沟通,学以致用。 2. 学生培养互相合作精神,锻炼写作、口语交际能力。 3. 教师激发学生探究文学世界情趣,培养学生将听觉形象转化为语言形象的能力。

第三节 自主创设,营造"燎原之势"

　　"星火语文"的学科理念,就是以教师引导为前提,以课堂教学中掌握语文知识为基础,利用我校自主创设的语文学科特色课程,通过社团活动、特色节日、综合实践、日常运用等方式,使学生语文核心素养得到发展。即以语文知识的"星星之火",通过全方位、多角度的锻炼提升,形成"燎原之势",使孩子获得倾听、表达等方面的能力,以语文星火点亮孩子心灯,带动学生积极学习语文、热爱语文、运用语文,感受语文学科的魅力。

一、学科课程结构

　　根据《义务教育语文课程标准(2011年版)》对听、说、读、写等方面的要求[①],我

---

① 陆霞.小学语文课程书法教育实践研究[D].广西师范大学硕士学位论文,2017.

校语文课程分为：字词天地、兴趣阅读、我爱写作、口语论坛、综合小课堂五大类。
"星火语文"学科课程结构见图2－1。

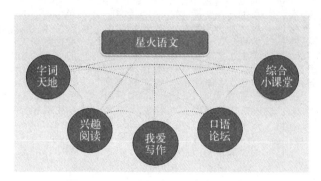

图2－1　"星火语文"学科课程结构图

(一) 字词天地

　　阅读和写作的基础是识字、写字,这也是第一学段的教学要务,同时作为重要
的教学内容,贯穿了整个义务教育阶段。在语文课堂教学基础上,我们将开设识字
写字课,按照学生年段特点和目标要求设置课程。为提高学生的识字效率,我们引
导学生正确练字,使学生养成积极的审美趣味、良好的性情、正确的态度。从低年
级到高年级,从铅笔、钢笔到软笔,从笔画、汉字到文段,从楷书、行楷到行书,由浅
入深,由易到难,循序渐进。

(二) 兴趣阅读

　　在阅读部分,我们创设了"课文教读"——"课文自读"——"阅读链接"的三合
一阅读体系。同时,使阅读教学不仅涉及人文主题,更渗透语文要素,力争实现综
合性和实践性的和谐统一。

(三) 我爱写作

　　兴趣及习惯,是引导学生热爱写作的一把钥匙,教师以这为突破点,可以逐步
培养学生对叙事、说明、议论性文体的写作能力,同时对书信、随笔等实用文体的写

作也能得心应手。选择写作题目力求使学生既有收获,又能避免大而无当,旨在使学生的写作兴趣得到激发,改变他们对写作的恐惧,指导学生灵活写作。

(四)口语论坛

以任务为根本,以阅读作为出发点,把写作、阅读、口语交际和活动规划、实际考察、数据整理等项目进行整合,形成一系列综合实践活动体系,进行交互式阅读和写作,把活动融入课内、课外,学生运用语文的综合能力会得到有效提升。

(五)综合小课堂

综合性学习主要体现在语文知识的综合运用、听说读写能力的全面发展、语文课程与其他课程的交流、书本学习与生活实践的紧密结合[①]。把每一次全面的研究融入整个大的活动中,继而划分出不同的活动环节,活动过程中,学生分小组、按照环节进行,各司其职,循序渐进,由辅助活动上升到主要学习活动中,从而达到课堂教学的目标。

二、学科课程目标

依据我校语文学科课程结构,结合实际情况,通过语文学科各年级备课小组研究讨论,形成了南昌市光明学校语文学科特色课程设置,见表2-2。

表2-2 "星火语文"学科特色课程设置表

年段＼类别	字词天地	兴趣阅读	我爱写作	口语论坛	综合小课堂
一年级上册	拼音书写(铅笔)	经典国学	一句话日记	自我介绍	认识广告牌
一年级下册	笔画书写(铅笔)	整本书阅读《我不想生气》	看图写话	说说我的家乡	故事家

---

① 王本华. 守正创新,构建"三位一体"的语文教科书编写体系——部编义务教育语文教科书的主要特色[J]. 中小学教材教学,2016(09).

类别 \ 年段	字词天地	兴趣阅读	我爱写作	口语论坛	综合小课堂
二年级上册	基本字书写（铅笔）	童心读诗	主题写话	有趣的动物	认识火车票
二年级下册	词语书写（铅笔）	整本书阅读《没头脑和不高兴》	插画日记	注意说话的语气	小鬼当家
三年级上册	笔画书写（硬笔）	神话语言	写作思维导图	畅所欲言	秋天的使者
三年级下册	基本字书写（硬笔）	整本书阅读《安徒生童话》	漂流日记	气象播报	触摸春天
四年级上册	词语练写（硬笔）	诗意赣鄱	故事续编	我们去旅游	韵律春联
四年级下册	句段练写（硬笔）	整本书阅读《风与树的歌》	微型作文	家乡的美食	星光影院
五年级上册	笔画书写（软笔）	名著初读	读书感悟	"语"妙天下	说名道姓
五年级下册	基本字书写（软笔）	整本书阅读《昆虫记》	应用文写作	相声初体验	小记者在行动
六年级上册	诗词书写1（软笔）	古文探韵	我是小诗人	金话筒	每日播报
六年级下册	诗词书写2（软笔）	整本书阅读《狼王梦》	课本剧创编	课本剧表演	编辑部的故事
七年级上册	基本字书写（楷体）	文学欣赏《朝花夕拾》	给写作插上翅膀	名篇散文朗读	读书计划
七年级下册	词句练写（楷体）	文学欣赏《骆驼祥子》	魔方作文	诗歌朗诵	中华美德小报
八年级上册	基本字书写（行楷）	文学欣赏《昆虫记》	新闻写作	经典回顾（寓言复述）	身边的文化遗产
八年级下册	词句练写（行楷）	文学欣赏《钢铁是怎样炼成的》	走近科学（说明文写作）	热力演讲比赛	漫步诗苑

续　表

类别 年段	字词天地	兴趣阅读	我爱写作	口语论坛	综合小课堂
九年级 上册	基本字书写 (行书)	文学欣赏《水浒传》	时事热评	名著角色扮演	小说故事会
九年级 下册	词句练写(行书)	文学欣赏《简爱》	名著微评	趣味辩论	光影中的文学

第四节　有声有色,传递思维之光

　　语文学科课程,应创设彰显语文特色的育人环境,注重知识性、实践性、趣味性等,自主开发有创意的课程及活动,学生的语文潜能就由此被挖掘出来,学习热情将被点燃,语文学习动能得到提高。"星火语文"不仅注重学生个体的成长,同时努力尝试通过多种方式,广泛开展多种语文活动,把语文课程改革推向一个新高度,用课程和活动来影响学生,用学生的发展与成长去感染周围的人,薪火相承,在活动中交流学习,传递思维之光。

一、构建"星火课堂",有效实施语文课程

　　为了达到学生在语文课堂学习中有效掌握语文知识这一目的,使课堂教学效率有所提高,为其他教学活动做好铺垫,我校拟建设符合我校语文学科实际的"星火课堂"。

(一)"星火课堂"的特点与实施策略

　　语文学科,可谓是其他所有学科的"起跑线",语文课堂的创设要成为孩子学习的"发动机",老师要成为语文学习的"星火点燃者",引导学生实现自觉地学习。"星火课堂"的实施要遵循以下几点:

　　1. 努力建设和践行以"义务教育语文课程标准"的教育理论思想为核心的"星

火课堂"特色课程。

2. 教师在教学之余,要把研究作为常态,对学生的成长规律进行积极探索,并有创新,保证学生的参与率。

3. 课堂教学内容要进行优化,尽可能创造良好的学习条件,为学生的学习清障铺路。根据学生的特点和需求进行个性化教学。

4. 开放式教学模式可进行尝试应用,在教学中融入生活实践,积极运用现代教学方法和技巧。

(二)"星火课堂"的评价标准

1. 关注教学设计。教学目标可依据课程标准以及教材要求、学生学习水平来确定。要积极创设有创新意识的教学策略和活动设计,以学生的学习情况为中心。教学活动的规划要灵活,要进行科学严密的组织安排,要有清晰的思路和合理、可行的方案,从而培养学生的学习兴趣,形成自我探索意识,自觉学习,让学生有足够的时间和空间进行思考。

2. 瞄准教学内容。要设置符合学生发展水平和阶段的教学内容,容量恰到好处,体现出时代特色、基础性原则,富有生活气息。对教材编写的意图要有准确定位,循序击破难点,对学生的反馈要及时给予回应。当堂消化教学重难点,并及时评价。

3. 重视教学组织。好的教师,自有一套行之有效的教学方法和组织方法,把控课堂总是显得不局促,游刃有余。这表现在教师组织课堂的几大方面:如教学的神韵、动作,讲话的语气、语调、方式,肢体语言要到位,对现代教学技术是否熟练掌握,有没有根据学生的学情安排教学,并能随机应变,针对课堂上的一些突发情况进行合适的处理等。教师不能眼高手低,不能和学生及课堂脱节,要会调控课堂的节奏,要关注学生的发展规律,选择合适的方法促进其进步与成长。

4. 提倡教学艺术。"语文教本不是终点",语文不仅是学科,更是艺术。课堂氛围应是积极的、平等的、和谐的,注意不同学科知识间的渗透。课堂教学中能有效把握学生学习的参与率,让他们对课堂和学习有亲切感,感受到课堂氛围的自由,把各项活动和教学看作一个整体,在参与活动的过程中,潜移默化地学习知识,并实现多学科延伸。评价见表2-3。

表2-3 "星火课堂"教学评价表

考评指标	指 标 内 容	得 分
教学设计 (20分)	依据课程标准、教材要求和学生学习水平确定教学目标、体现三维目标。	
	教学策略和活动的设计有创意,能关注学生的学习状况。	
	教学活动的计划性和组织性严密,思路清晰。	
	教学方法科学合理,体现出对学生学习兴趣和自主探究意识的培养,能给学生充分的自主学习和思考的时间和空间。	
教学内容 (30分)	教学内容符合学生发展水平,容量合理,体现时代感、基础性、生活化。	
	把握教材编写意图,能突出重点、突破难点,提供的信息准确有效。	
	教学内容能当堂巩固,及时反馈、评价。	
教学组织 (30分)	表述能力、普通话、板书等教学基本功扎实,仪表端正大方,口头、体态语言得体,能恰当运用现代教学技术。	
	课堂教学组织管理有效,教学环节的组织自然恰当。	
	教学安排适应学生发展水平和需要,学生思维活跃,课堂教学参与率高,教学目标达成率高。	
	善于创设问题情境,提问能促进学生的知识理解、思维发展和学习能力的培养。	
教学艺术 (20分)	形成民主和谐、相互尊重、平等合作、积极向上的氛围,注意学科知识教学与其他领域的渗透。	
	课堂教学中能有效、准确把握学生学习的参与度、亲和度、自由度、整合度、练习度和延展度。	
综合评价	简单描述	
	评分　　　　　　等次　　　　　　评分人	

二、建设"星火学科",丰富语文学科课程

"星火课堂"的构建,为"点亮心灯"提供了"星星之火",下一步要促成"燎原之势",就必须要进行学科整合规划,建设"星火学科",创建语文"燃课程"。

(一)"燃课程"的特点和建设路径

"星火学科"以"燃课程"为载体,教师是星火的点燃者,引燃学生对语文的兴趣、对语文的喜爱,引导学生由课堂教学延伸到课外学习。课程的改革和创新,必须基于理性的运用与传承,结合新课程标准的要求,将传统的课堂教学与新课程标准进行整合,才能真正落实新课程改革,形成高效、实用的语文新课堂。

1. 实现语文多重属性的和谐一致。在学科属性方面,工具性是语文最基本的属性,也是语文学科所特有的。为了体验人文精神,培养感悟人文精神的能力,既要注重理解和掌握基础性的文本知识,又要注重语文能力的训练,通过阅读文章,体会文字之美,感受语言表达的深层含义。语文教学中,教师应通过阅读指导和教学,把学生带入文本,体会作者的思想感情,引导学生理解文章,走进书中人物,与他们"共命运,同悲喜"。

2. 确立教师的指导地位,争当"引路人"。新课标倡导多角度、有创意的阅读,并利用阅读期待、阅读反思与批评等环节拓展思维空间,提高阅读质量①。要分析"差生"的具体原因,一般看来,主要是因为语言积累不足、缺乏阅读方面的经验、生活阅历不丰富,而知识水平较低则更是最主要的原因。教师可引导学生进行充分而细致的阅读,适时点拨,帮助学生做阅读分析,并指导学习方法。

3. 把语文基础知识教授作为重点。学生对文章自有一定的经验与感悟,但可能存在一定的偏差,理解较浅显。学生初步理解文意后,加之教师的引导,便可培养其语文能力。让学生提高文本解读的能力,不要只停留在文字表面,在理解的过程中完成知识水平的提升。使知识的学习成为学生认知的起点,而并不是终点。

(二)"星火学科——燃课程"的评价标准

1. 教师素质。教师素质不仅仅是一个个人问题,良好的教师素质是学生发展之源,能为学生的发展提供动力。如果要考察学科教学是否成功,就要考察相关教师的素质是否过硬。教师在驾驭教学的过程中要充分发挥动能及自身优势,同时眼睛里要先看到学生的兴趣所在,以此为切入点进行指导点拨,引导学生按照既定

_____

① 邱文丽.进行语文阅读教学要恰当运用课文插图[J].语数外学习(初中版下旬).2014(06).

的教学设计进行各项活动,且善于应对各种突发情况。对学生的状态、课堂表现、学习能力、个性和技能等给予客观公正的评价,并能通过一系列课堂表现充分展现自己的业务水平。

2. 教学能力。包括教师对教材的感知、理解,对教学的设计、活动的安排,对学生的组织、评价能力等。教学能力决定着学科教学效果的优劣。

3. 学习效果。语文教学属性不仅包括人文性,还包括工具性,这就使得教师要通过学科课程,传播知识,更要指导学生掌握运用语文这一"特殊工具"的能力,拉近与母语的距离,在日常生活中多运用母语,随时随地感受语文的魅力与实用性,产生语文教学的实际效果。评价标准见表2-4。

表2-4 "星火学科——燃课程"量化评价表

项目	评 价 标 准	分值	得分
教师素质	语言规范、准确、丰富、简洁、生动、清晰、流畅,有个性化的语言风格;教态亲切、自然,能以充沛的精力、饱满的热情、健康的心理感染学生。	20分	
	知识面广、视野辽阔,信息处理综合能力强;课堂中能应用新知识、新方法、新理论、新手段、新技术。		
	能够指导学生写字体美观、文字精美、立意新奇、结构精巧的文章。		
	驾驭教学过程的能力强,善于调动学生的学习积极性,善于点拨、引导,善于应变。能恰到好处地评价学生的态度、表现、能力、个性和知识、技能。		
教学过程	能突出课文特色和课型特点;根据教材特点和课型特点设计教学过程,符合语文各部分教学内容的相应要求。	50分	
	能精当地实在地体现语文"三维"目标,符合学生实际和学生的发展需要;发现人文因素,实施人文教育。		
	教学方法的选择和运用灵活多样,切合文本、学生和教师实际,体现"对话",增强学生参与意识,多向反馈和情感交流;重视学习方法的指导,善于培养学生的能力;善于开发有活力的语文学习资源。		
	根据学生情况,为学生创设一个保证每个学生都能按照自己的个性进行自主学习的异步或同步教学情境。		
	能给学生质疑探究的机会,学生能有自己的心得,能提出看法或疑问,能发表创见。		

续　表

项目	评　价　标　准	分值	得分
教学效果	课堂教学体现"实"、"活"、"新"；课堂时效性强，不同程度的学生均得到应有的发展，从整体上达到教学的"三维"目标。	30分	
	学生有自主学习的习惯，有竞争意识和合作意识，学生能够提出问题，善于发表见解，敢于创新，学生的求知欲望应得到满足；学生的学习成果当堂能够得到巩固。		
	能合理地让学生进行"积累、感悟、运用"，学生在教学过程中有实实在在的进步；能让学生产生想继续学习、深入学习的学习欲望。		
评价意见		得分	

三、开设"星火节日"，浓郁语文学习氛围

语文学科的发展，离不开校园文化的建设。语文学习应形成一种校园文化，让校园充斥着浓郁的"语文味"，形成特有的校园语文学习氛围，学生置身其中，会自然地开启"学习之旅"，同时达到立德树人的目的。我们不仅要将语文与传统节日相结合，同时拟创设具有校园特色的"星火节日"。

(一)"星火节日"的内容及实施

日常学习之余，学校根据学生学情，结合自身条件，为点燃学生兴趣，创设"星火节日"活动，教师争做学生语文学习的"点灯人"。每年一次，以不同的语文学习内容作为每一届节日主题，从听、说、读、写等角度开展多样化、趣味化、参与度高的活动。如：初中部："青春的歌"朗诵会、"漫步诗苑"古诗会、微小说比赛、对对联活动；小学部："中华少年诵读"活动、书法大赛、我爱读书、"诗画仙境"、创新作文大赛等。活动形式均是学生喜闻乐见的，更能吸引学生参与，可培养其对语文的浓厚兴趣，让学生学习语文，运用语文，热爱语文。

(二)"星火节日"的评价标准

1. 学生参与度。根据学生的参与度来判断每一届"星火节日"的实际效果。

学生对设置的语文活动是否愿意积极参与,这是活动是否符合学生兴趣、难易程度是否能被学生接受的直接体现。因此,学生的参与度是最直观的评价标准。

2. 活动趣味性。活动的目的不仅仅是为了学习语文知识,亦旨在萌发学生学习兴趣。不能单纯以知识性为活动设计的目标,而更要注重活动的趣味性。我校毗邻乡镇,处在城乡结合部,学生素质难以统一,有很多基础和能力都较薄弱的学生,对他们而言,充满趣味性的活动跟枯燥的说教相比,更能吸引学生的注意,在活动面前,学生差异性缩小,重要的是参与和锻炼。

3. 活动的多角度性。节日活动要侧重于倾听,侧重于口头表达,侧重于阅读,侧重于写作等不同方面,不可只针对某一角度,除了有侧重更要有全局观,学生才更有机会迸发出个人之长。评价见表2-5。

表2-5 "星火节日"活动评价表

指 标 体 系	等 级 内 容	分值	得分
组织建设	1. 章程、制度健全。 2. 有专业教师负责。	10分	
活动目标和计划	1. 有年度活动目标。 2. 活动目标明确具体。 3. 有实现目标的行动计划。 4. 计划科学、合理且可行。	10分	
学生活动	1. 积极主动,活动到场率高。 2. 生生合作,师生互动好。 3. 学生有问题意识。 4. 学生有较多的体验和感受。	30分	
负责老师表现	1. 活动构思新颖。 2. 参与活动的积极性高。 3. 指导教师之间经常交流工作情况,工作顺利开展,工作能力强。	10分	
活动成效	1. 活动正常开展,受到参与学生的欢迎,得到领导的肯定。 2. 学生活动自主性高,学生得到充分锻炼。 3. 活动中涌现出优秀学生获得市属以上级奖励。	30分	
活动记录和资料保存	1. 记录及时。 2. 各种记录保存完好。	10分	

四、组织"星火社团"，提高语文学习兴趣

社团不仅仅是兴趣小组，更是一种教学方式，且行之有效。学校拟从学生兴趣爱好入手，组织"星火社团"活动，以独特的社团活动实现教学目标，发挥学生兴趣特长。

(一)"星火社团"的内容及实施

根据学生对语文学习的不同兴趣与特长，学校组织了"星火社团"活动。

1. 经典咏读。以国学经典等为咏读主体，每周集中练习。组织有兴趣特长的学生在课余时间开展咏读活动，安排指导教师进行咏读技巧指导，除此之外，定期举行诵读比赛、经典诗词讲座等活动，使学生对祖国传统文化产生浓厚的兴趣。

2. 名著欣赏。每周一次，开展名著群读、读书沙龙、名著经典电影欣赏、写名著读后感等活动，带学生走进文学作品，使学生受到名著的熏陶，阅读和写作兴趣得到激发，为培养"小作家"积蓄力量。

3 书法学习。每周三次活动。根据低中高三个不同学段，分为三个小社团，在课余时间，在专业老师指导下，能写高质量的字、端正写字姿势等。

(二)"星火社团"的评价标准

根据社团开展活动的次数、时间、内容、参加人员等制定评价表，做到每次活动必有记录。特别是活动内容，要认真、详细填写，同时要注重学生反馈，根据学生的反馈，针对社团活动内容进行适时调整，做到活动有成效、接地气、有创新。评价见表 2-6。

表 2-6 "星火社团"活动评价表

项目	评 价 标 准	得分	评估方法
社团机构与管理	1. 社团管理体制完善，机构设置合理，制定符合学生实际的社团建设实施方案。(10 分)		1. 实地查看。 2. 材料核实。 3. 师生座谈。 4. 成果展示。 5. 活动巡查。
	2. 建立、健全并严格执行社团各项规章制度。(10 分)		
	3. 社团会员人数适合，规模适度，成员资料档案齐全。(10 分)		

续　表

项目	评　价　标　准	得分	评 估 方 法
社团机构与管理	4. 指导教师认真负责。(10 分)		1. 实地查看。 2. 材料核实。 3. 师生座谈。 4. 成果展示。 5. 活动巡查。
	5. 学生社团要突出学生的主体性和创造性,使学生在社团活动中自治自理、健康发展。(10 分)		
	6. 社团活动空间固定,环境良好,有相应的文化建设。(10 分)		
活动组织和开展	7. 经常和定期开展社团活动,组织有序、记录完善。(10 分)		
	8. 社团活动内容丰富,形式多样,体现实践性和综合性,有利于培养和锻炼学生多方面的素质,再现和表现校园文化精神。(10 分)		
	9. 社团成员或集体活动成果显著。(10 分)		
	10. 活动取得良好的教育效果,在学生中有一定的影响。(10 分)		
合计得分:			

五、开拓"星火空间",丰富语文实践活动

语文素养的提高,不仅仅在学校,更要落实在生活中。正所谓"方方面面皆有语文",我们要努力开拓"星火空间",为孩子们创设更多学语文、用语文的机会,促使他们的语文水平在实践过程中不断发展。

(一)"星火空间"的内容及开发路径

语文实践活动,能有效补充语文教学中的不足,在生活中运用语文,真正把知识落到实处。"星火空间"的开发,包括如下活动:初中部:制定读书计划、中华美德小报制作、光影中的文学等;小学部:了解身边的文化遗产、漫步诗苑、故事会等。语文教材中的不同单元,侧重点也有差异,补充开展"星火空间"实践活动,不仅是对教材的延伸,也能实现学生与教材的进一步融合,达到事半功倍的教学效果。

(二)"星火空间"的评价标准

1. 空间开发要结合教材。"星火空间"是语文教学的延续和补充,因此它的开发不能脱离教材,要严格针对教材要求进行拓展,如结合亲近自然、爱国教育的要求,可让学生走进社会,到景区中多观察、多体会,同时有感而发,把美景写一写、画一画,通过这样的系列活动,来真正体会文字的优美,感受壮美秀丽的祖国美景,从而表达对祖国的热爱。

2. 空间开发要重实际、"接地气"。由于学校地处城乡结合部,条件有限,空间活动的开发要视学生和学校情况而定。如：学生素质较低,语言表达能力不足,则可多开发绘画、动手实践的活动,让学生能发挥其优势,萌发参与的兴趣,施展自己的个人魅力。学生能在活动中取得成就感,这样的空间活动就是成功的。

3. 空间开发要服务语文,服务教学。空间开发的指向性要明确,要为语文教学服务,且不可喧宾夺主。如果过分注重趣味性和动手能力,则可能会与语文教学脱节,在活动中必须要融入教学过程,实践与教学相结合,自主与引导统一,促进学生从理论到实践掌握语文知识,见表2-7。

表2-7　"星火空间"活动参与量化表

评价项目	评　价　标　准			得分
学习状态(15分)	知进取,学习动力和求知欲强,对学习很感兴趣。	学习比较积极主动,有较强的兴趣和动力。	感觉每天的学习状态都差不多,不积极也不怠慢。	
合作状态(15分)	努力完成任务,认真思考,积极参与讨论,遇到困难能主动向同学或老师请教。	任务可靠独自思考和探究完成,也会和他人交流合作。	不合作,也不完成任务。	
探究状态(10分)	乐于探究,喜欢发现,主动找问题,想问题,并想办法解决。	在学习过程中,会发现和思考,但不够积极。	直接等待答案和结果,没有探究过程。	
用心程度(10分)	积极讨论,听课仔细,作业按时完成。	遵守听课秩序,能准时交作业,讨论偶尔参加。	几乎不听课、不讨论。	

续　表

评价项目	评　价　标　准			得分
自主状态 (10分)	乐于讨论,善于交流,回答问题积极主动,注重课外延伸。	适时讨论,和同学有交流,会回答一些问题,能搜集一些课外学习内容。	几乎不举手发言,不和同学交流,学习仅限于上课时间。	
思维逻辑性 (15分)	对待问题能条分缕析,找准关键解决。做事有条不紊,并能清晰地表达思路与方法步骤。	对待问题能基本找到关键点,能在他人指导帮助下解决问题。能较有条理地表述出自己的想法和思路。	不能靠自己的力量解决问题,遇到问题较慌乱,思维也较混乱,没有头绪。	
思维创新 (15分)	能靠自己的能力找到不同的方法,并能从中挑选最合适的方法来解决问题,并不断改进。	能在他人指导下找到一些办法解决问题。	不动脑筋思考,总是墨守成规,不会换角度考虑问题。	
对多媒体的接受能力(10分)	对于教师运用多媒体教学很是赞成,觉得符合自己的学习方式,也适合教学内容的呈现。	觉得教师在课件等表现上没有很好地突出其特点,对自己学习没什么帮助。	对于教师有无用多媒体教学无所谓,感觉不到多媒体设施的先进性。	

　　总之,"星火语文"就是秉承"燎原之火　点亮心灯"的课程理念,以语文为火种,点燃孩子的生命之火,引亮孩子的成长之灯,使"燎原之势"逐步形成、发展,传递心灵之光,提升孩子的语文素养,使他们变得善于倾听,敢于表达,精于阅读,专于写作。我们给孩子提供适宜的土壤,为他们播撒阳光,补充养分,创造良好的环境,使孩子自由、茁壮地成长,使其散发生命的活力,闪耀独特的光芒。

　　　　　　　　　　　　　　　　　(执笔人:代俏梅、谭美、李成玉、黄芙蓉)

第三章

语文是人之性灵的家园

海德格尔说,人类在世界上的生存应该是一种诗意的居住。语文对于个体生命的重要性是与生俱来的,它是滋养生命的甘泉,生命的血脉,人之性灵的家园。同时语文也让每一个闪着青春之光的少年拥有崇高的理想、无羁的想象、自由轻盈的心灵和丰富多彩的渴望。"嘉",善也,美也。"嘉境语文"就是要给予每一位孩子内心温柔的、激烈的、细腻的等多种不同感受的冲击,促使每一个身处教育情境中的人,认识未来,与最美的未来相遇。

➡ 嘉境语文：让孩子细嗅花的芬芳

　　八一嘉实希望小学语文教研组现有教师 15 人，其中区级学科带头人 1 人，骨干教师 3 人。秉承"嘉境语文"的课程理念，以年级组为单位开展教学研究，在校内积极组织与语文有关的教育教学研究，提升教师各方面的综合素养，同时不断完善课程设置，抓好常规研讨与反思，形成教师个人风格，促进学生有效学习。

第一节　以美好的情境孕育自由的灵魂

一、学科价值观

　　《义务教育语文课程标准(2011 年版)》指出："语文课程是一门学习语言文字运用的综合性、实践性课程。义务教育阶段的语文课程，应使学生初步学会运用祖国语言文字进行交流沟通，吸收古今中外优秀文化，提高思想文化修养，促进自身精神成长。工具性与人文性的统一，是语文课程的基本特点。"①基于这种认识，为每一个孩子搭建真实的学习场景，让孩子在适合自己的领域内尽可能地自由生长，是对"嘉境"最好的诠释。"嘉境课堂"是以真实的场景来合理地建构，让自由的灵魂在实际的课堂中闪耀，使真实的存在于美妙的意境中徜徉的课堂。

二、学科课程理念

　　"语文课程是实践性课程，应着重培养学生的语文实践能力，而培养这种能力的主要途径也应是语文实践。因而，应该让学生多读多写，日积月累，在大量的语文实践中体会、把握运用语文的规律。"②立足儿童的身心发展特点，依据《义务教育语文课程标准(2011 年版)》的精神，并结合我校语文学科的实际情况，我们提出

① 中华人民共和国教育部.义务教育语文课程标准(2011 年版)[M].北京：北京师范大学出版社,2012.
② 同上。

以"嘉境语文"为核心的语文学科理念。"嘉境",是将学习者置身于真实的学习场景之中,以实践为导向,让孩子结合真实的情境,在愉悦的氛围中收获知识和能力。

——嘉境语文坚持以美好为要素。认识美,理解美,才能更好地感受语文文字的魅力,应重视孩子独特的感受,细悟文字的芳香。

——嘉境语文坚持以情境为依托。结合学生熟识的语言环境让学生真正融入善思、乐学的情境之中。

"嘉境语文","嘉"即为"美好"。语言文字赋予了语文独特的审美意蕴,欣赏、品味美的文字、美的语言、美的思维,使得孩子在学习中不断感悟美的画面,体悟文字背后深邃的思想。畅游在美妙的语言文字中,更能让停驻的生命懂得找寻过去,正视现在,遥想未来。

"嘉境语文","境"即为"情境"。情境乃是事情发生的催化剂,很多时候课堂语言的传递往往显得空洞,不能实际地激起孩子的联想思维,所以需要去构造与孩子相关的原有知识与新知识连接的真实空间,让孩子在接近自我认知的氛围中充分学习。

"嘉境语文",是以真实的空间传递美的过程,是结合孩子的实际水平加以引导并在真实情境下思维碰撞的结晶。"嘉境语文"迎合了孩子丰富的内心世界,使孩子在踏实的课堂中生成出实践的真知,引领孩子学,启迪孩子用。

总之,学生通过一系列的实践场景来真实地发挥自己的水平,以感悟美、品味美的心境,来创造更多学与用的可能。美,无处不在,感悟美的心也时刻不停歇。以踏实的理念为依托,以真实的情境进行连接,以平等自主为起点,让每一个自由的灵魂闪烁在厚实的土壤上。在花儿一样的年纪,让孩子们真正细嗅属于自己的芬芳。

第二节　以不同的形式彰显语文的情怀

一、学科课程总体目标

《义务教育语文课程标准(2011 年版)》指出:"语文课程是一门学习语言文字

运用的综合性、实践性课程。义务教育阶段的语文课程，应使学生初步学会运用祖国语言文字进行交流沟通，吸收古今中外优秀文化，提高思想文化修养，促进自身精神成长。语文课程的建设应继承我国语文教育的优良传统，注重读书、积累和感悟，注重整体把握和熏陶感染；同时应密切关注现代社会发展的需要。"①语文课程吸收了传统优秀文化，又结合了现代教育技术等多种媒介，以多种不同的形式彰显了语文的情怀。有容乃大，语文的张力在不断扩充中凝聚，文字的精华正以先进的媒介和凝神聚气的专注在延续。

　　因此，从传统与现代的不同场景中，结合优秀的传统文化，发展现代开放而有活力的课堂，是根植学生的基础，真正立于基础的提高。从"嘉境语文，提升素养"这一核心概念出发，我校语文课程目标体系从以下角度进行分类：显性课程目标和隐性课程目标。语文显性课程目标包括语文识字与写字、阅读、写作、口语交际、综合性学习五部分，语文隐性课程目标则包括语言、思维、审美、文化等，语文组根据我校学情整合为"审美素养"、"思维品质"和"情意态度"。

(一) 语文显性课程目标

　　1. 识字与写字（包括汉语拼音）。识字、写字是阅读和写作的基础，所以从基础入手，才能更好地引领孩子发展与提高。于低段孩子来说，识字要懂得方法和应有的趣味，更要结合一定的情境，让学生在认识字的同时学会理解。识字不是孤立的单字拆开，应进行有效的链接。识字过程从字到词语，再从词语到句子，最后从句子到文章，应是有情境有步骤地推移，这样才能从量变到质变。写字的过程，也是趣味与性情滋生的过程。一笔一划，一撇一捺，彰显着祖国文字的博大精深、柔美与刚直，不同形状的字也显示了不同个性的人。书写的过程要认识字，更要理解字与字背后的文化内涵。

　　2. 阅读。在阅读中，人可以扩充视野，提升素养，更能获得美的享受。"书籍是人类进步的阶梯"，唯有阅读才能攀登世界的高峰。阅读是提炼思维的过程，能不断开阔视野，开阔心胸，更能升华心中的真善美，助以分辨无知与真理。所以当

---

① 中华人民共和国教育部. 义务教育语文课程标准(2011 年版)[M]. 北京：北京师范大学出版社,2011.

孤陋寡闻地封闭在舆论的潮流中时,你在书中定能获取最科学的认知;当你只在无趣的生活中兜兜转转时,书可以架起你和博大的世界沟通的桥梁;当你总是刻板地用同一种模式左右你的生活时,书便能拓展你的思维,让你的生活在不同的轨道中流转;当你停留在狭小的空间里不能自已时,在书中总能找到最美的自己。所以,引导学生多读书、读好书尤为重要。

3. 写作。纵然人的心中有万种独到见解,各种想法,但只有通过写作才能更深刻地表达内心真实的自己。写作有时是通往另一个自己的真实窗口,从文字中总能窥见不一样的自己。所谓"字如其人",很多文字就能反映一个真实的内心自己。作文时,除了传递基本的写作技巧,更重要的应该是鼓励引导学生说真话,说想说的话,允许学生有创意的构想。枯燥的文字整合并不能表达学生生动的情感,需要从多种角度唤起学生类似的经历,提供图片和场景或故事,让学生懂得思考,达到某种程度的共情。有话可言,还要多加实践。这样,写自己,写生活才能汲取更多的素材和养料。

4. 口语交际。作为现代公民,口语交际在正常的生活中尤为重要。倾听,是与人交流时的基本素养;表达和应对更能为语言交际的磁场注入活力。口语交际教学是学生自身发展的必然需求;口语交际训练有助于观察力、注意力的锻炼;同时,口语交际的过程,既有词语的记忆,又有对表达内容的记忆,也是对记忆力的锻炼。在口语交际中,应侧重学生的倾听与表达,了解学生的感受,更重要的是给孩子提供乐于表达的情境,鼓励多样性的想法与观点,并阐述理由。表达要清晰,注意配合表情和语调,围绕中心,说实话,达真意。

5. 综合性学习。综合性学习突破了单一的学习方式,转向多维度的体系。综合性学习更强调连接。不同知识间的碰撞,不同学科间的整合,不同学习方式的综合,更是连接了学与做,充分显示在做中学,在学中不断实践的理念。在综合性学习过程中,加强配合,引领探究,使学生在充满激情的自主活动中感受学习的美妙、探索的乐趣。首先在课堂中应多路径探索,寻找不同学科的整合,加强学生思维、探究、实践等能力。其次,应多鼓励学生将书本与实践相融通,学以致用,在实践中巩固,在实践中得以验证。

从以上"识字与写字"、"阅读"、"写话"、"口语交际"、"综合性阅读"五个方面来突破每个不同场景所带给学生的真实体验,从而让学生感受语文的魅力。

(二) 语文隐性课程目标

《义务教育语文课程标准(2011年版)》指出:"语文课程应激发和培育学生热爱祖国语文的思想感情,引导学生丰富语言积累,培养语感,发展思维;还应通过优秀文化的熏陶感染,促进学生和谐发展,使他们提高思想道德修养和审美情趣,逐步形成良好的个性和健全的人格。"①这些内容即包括"审美素养"、"思维品质"和"情意态度",与语文核心素养所包括的"语言"、"思维"、"审美"、"文化"不谋而合。

1. 审美素养。一方面,语文课程与教学要引导学生在理解课文内容的基础之上感受文字背后的情感,从中凝聚丰富的审美体验;另一方面,要启发学生深入理解关键词句,并结合课文背景与插图感受人物形象,形成敏锐的感受力。阅读是闪着光的智慧,能在细致的感受与体悟之中,用闪烁着的灵性和智慧的言语形式去创造独特的精神世界,从而享受美的熏陶体验。

2. 思维品质。教师在教授知识的同时,更应将发展思维融入其中,而不应单独地割裂出来。甚至于,在传授知识的同时更应注重学生思维的培养,思维也是一个需要修炼的过程,要通过不同形式的转换拓宽思考问题的途径,在方法中运用,在运用中凝聚,在转换不同的教学场景的同时,思维才能得以彰显。不追求唯一的标准答案,在语文课程中尤为明显。当一个人只能一成不变地解决问题时,僵化与刻板随之而来。我们更应该在固定中寻求突破。

3. 情意态度。培养学生用心去感知,用情去交融,是抵达复杂而真实的生活的一种直接途径。互相体谅与理解,相处时互相尊重与欣赏,在出现不同看法与见解时更能互换立场去思考,情意便慢慢成了一种学习生活的态度。在孩子的眼里,纯真的分享,有爱的帮助,温柔的体谅,再配上一张张无邪的笑脸,生动便衍生在每一个顺其自然之中了。爱在阳光下闪闪发光,我向你跑来,你用力地张开怀抱,我们抱住的便是绚丽多彩的春天。

---

① 中华人民共和国教育部.义务教育语文课程标准(2011年版)[M].北京:北京师范大学出版社,2011.

二、学科课程年段目标

结合学校实际,参照《义务教育语文课程标准(2011年版)》,从"语文学科素养"这一核心概念出发,我校将"嘉境语文"一至六年级的课程目标分年段制定,详见表3-1。

表3-1　"嘉境语文"课程年段目标设置表

目标 年段	识字与写字	阅　读	写　作	口语交际	综合性学习
1—2年级	1. 有写字的愿望。 2. 掌握字的结构与书写规则。 3. 努力养成良好的写字习惯。 4. 能借助拼音认读文章。	1. 喜欢阅读,感受阅读的乐趣。 2. 在积累中拓展阅读。 3. 读有趣的书并能有自己的思考。 4. 课外阅读总量不少于5万字。	1. 对写话有兴趣,留心周围事物,写自己想说的话,写想象中的事物。 2. 在写话中学以致用。 3. 学会使用标点。	1. 学说普通话,逐步养成讲普通话的习惯。 2. 能认真聆听别人讲话。 3. 说话时要勇敢,有自信心。	1. 多参加课外活动。 2. 学会用自己喜欢的方式将自己见闻与感受表达出来。
3—4年级	1. 有独立的识字能力。 2. 写字姿势要正确,要学会归纳同一类的字。	1. 学会默读。 2. 能借助关键词句来理解课文。 3. 感受作者与作品的情感,并用不同的表达方式学会表情达意。 4. 阅读总量不少于40万字。	1. 学会观察与思考,能将这种思考冷静地叙述出来。 2. 真实、有创意地表达自己的想法。 3. 学会反复修改自己的作文,并能与别人互动修改。	1. 能认真地听别人说话,并能适时回应。 2. 说话的态度真诚,不懂就问。 3. 能生动地讲故事。	1. 懂得收集资料与互相讨论。 2. 能在合作中解决问题。

目标\年段	识字与写字	阅　读	写　作	口语交际	综合性学习
5—6年级	1. 写字规范、整洁，并能有一定的速度。 2. 能体悟汉字的优美。	1. 默读要有一定的速度，能根据需要搜集信息。 2. 能在理解词句的基础上感悟作者的情感。 3. 扩展阅读面。多读书，读好书。 4. 在理解课文时能有自己独到的见解和独立的思考。	1. 懂得冷静地思考。 2. 学会观察，珍视个人的独特感受，积累习作素材。 3. 写出自己的真情实感。	1. 与人交流时能尊重和理解对方。 2. 能在适当场合勇敢发言。 3. 敢于跟不文明的语言现象斗争。	1. 能通过多种途径解决与学习和生活相关的问题 2. 能通过不同的方法懂得分辨善恶美丑。

语文辗转交替在生活的点点滴滴之中，大如沧海之水，细如空中之尘埃，每日的情境无不交杂着文字的芳香。语文赋予学校与课堂的直接表现是听说读写，这是语文最基本的组成部分。只是，除此直接表现之外，还有隐性的道德、思维与情怀，所以，语文是一个融多种元素于一体的丰富体。在每一步翱翔的期待中，"嘉境课堂"中的不同形式正微妙地彰显着语文的情怀。

第三节　以平等的姿态塑造独立的自我

基于"嘉境语文"语文学科课程理念，根据课程任务，我校课程主要分为基础性课程和拓展性课程。基础性课程主要培养学生终生发展和适应未来社会所需的共同基础。拓展性课程主要满足学生的个性化学习需求，开发和培育学生的潜能和特长,培养学生的自我认知和自我选择能力。

一、学科课程结构

　　根据《义务教育语文课程标准(2011年版)》中的识字与写字、阅读、写作、口语交际和综合性学习这五个部分创立本校的识字写字、文学分享、口语表达、写作创新、综合性学习。"嘉境语文"课程框架见图3-1。

图3-1　"嘉境语文"学科课程框架图

(一) 识字写字

　　从学生踏入快乐的一年级的第一步开始,知识对于孩子的每一天都开始有了一个新的定义,所以识字对于孩子来说颇为重要。认识文字,认识文字背后的意义便显得与众不同。在"嘉境语文"中,充分利用教材资源,结合本校周边环境,考虑学生的基本学情,采用灵活有趣的方式让学生易学乐学善学。首先,采用游戏的方式识字。对于低段的学生来说,游戏是他们最投入的状态。通过不同的游戏形式,活跃孩子的思维,开阔孩子的认知,达到寓教于乐的效果。其次,通过生活中的所见所闻去扩充识字。学习很多时候是来自于现实生活,只有通过不同的真实情境才能加深印象和理解。在课堂中,可通过每日展示台的形式,轮流展示自己在生活中的各种情境下接触到的字,这样既能激发学生的参与意识,又能拓宽学生对生活的理解。最后,加强自主识字的途径。读书,看报,看电视等不同形式,呈现了识字方式的多角度,同时也应在运用中提高识字效率。识字是阅读的基础,写字便是表达的开始,在写字过程中更要注重书写的规范。在此基础上,还要注重把握字形和理解字义。

(二) 文学分享

文学作品来源于生活,却对生活有着更为丰富的诠释。学生在阅读内涵丰富的儿童文学作品时,仿佛在多彩的世界中找寻不同情境下的自己。在书中不仅懂得更多知识,最重要的是愉悦了心境,加深了对自我、对生活、对世界的体悟。所以在"嘉境语文"的设置中,更注重将个体的内心生动地外化。具体做法可以在课堂的不同时段,与孩子共读一本书。在读的过程中以不同的形式分享自己的感悟。孩子们可以有不同的创意来诠释自己的想法,如图文并茂、小段文字感悟、摘抄经典语句、经典片段表演、不同形式的朗读等。在这个过程中学生个性化的理解将以不同的形式来呈现,在分享中又进一步加深了对作品的感悟。最后,应引导学生联系实际生活来畅谈自己的感受,学以致用,在生活中提升自己对生活的感悟。

(三) 口语表达

说话是一种自主需要进行释放的方式。每个人都需要在这种释放中得到满足,学生也不例外。乡村的有些孩子因父母不在身边,有的会缺乏沟通的情境,导致一些孩子不愿表达,在性格上还是处于被动状态。所以在教学中应充分鼓励孩子去表达,在学生缺乏意愿时更应营造具体的情境,让学生产生想表达的欲望。有情能共融,何惧不能言表? 所以要通过日常的观察,发现生活中孩子们感兴趣的话题,变通方式,让学生在说话中感到舒畅,感到力量,感受到温度。敢说是前提,善听更是把话说好的基础。善于倾听也能更好地应对。在语文课堂中和生活中要为学生营造氛围,"你说,我认真听",听完并及时反馈主要信息。在互相对话中还要为学生提供真实的交际场景,让学生入情入境地表演。

(四) 写作创新

　　以任务为轴心,以阅读为抓手,整合阅读、写作、口语交际,以及资料搜集、活动策划、实地考察等项目,形成一个综合实践系统。写作专题与各单元阅读的学习重点配合,又尽可能自成体系,从培养学生的写作兴趣和良好的写作习惯开始,力求调动学生的兴趣,改变害怕写作的现状,加强学生生活与课堂的联系,让学生在课堂上学习,在生活中运用。在学会写的基础之上,还要勇于创新,可以有不同的形式、想法和看法,在写作的同时要学会观察与思考。

(五) 综合性学习

　　结合性学习从某种程度上来说扩充了学习的深度和广度,也为多样性的学习方式创造了更多的可能。学生的学习空间不再拘泥于课堂,而是可以出现在多种地方。在种植园可以学习语文,也可以发现科学;在田径场可以学习体育,更可以找到数学,生活处处是知识,只有不断地将其联系起来才能丰富。综合性学习的形式也在丰富,探究、合作、用图标或调查报告的形式汇聚成学生独特的感悟,这样更活跃了学习氛围。

二、学科课程设置

　　八一嘉实希望小学根据时代和社会对人才的要求以及学生自身的需要,同时充分考虑到课程的综合性和选择性,将语文课程设置如下,详见表 3-2。

表 3-2　"嘉境语文"课程设置表

年级＼内容	识字写字	文学分享	口语表达	写作创新	综合性学习
一年级(上)	汉语拼音在我家	安徒生童话	学唱儿歌	看图写话展示	我去逛超市
一年级(下)	汉字王国遨游	寓言故事	绕口令竞赛	童年邂逅童诗	春游的故事

内容 年级	识字写字	文学分享	口语表达	写作创新	综合性学习
二年级(上)	查字比赛	爱丽丝漫游奇遇记	看图讲故事	书法启蒙	我家的故事
二年级(下)	我的伙伴在哪里	民间故事	诗歌朗诵	我的最怕	争做校园勇士
三年级(上)	识字背后的乐趣	格林童话	演讲比赛	异想天开	心情大汇合
三年级(下)	猜字谜	古诗文背诵比赛	讲故事比赛	我创作我快乐	旅游的故事
四年级(上)	我说,我来摆	古诗大会	中华美德故事	看图写诗	秋的印记
四年级(下)	看图猜字	名人介绍	诗歌串烧比赛	节日与宋词创作	感悟生命
五年级(上)	看图写字	天净沙——秋思	你说,我来猜	记录天地	体验怎样过好一天
五年级(下)	黄庭坚书法欣赏	小说大会	我想怎样过生日	校园文学	"嘉实"收购站
六年级(上)	书法交流	小品类剧本展示	作文演讲	宋词活动比赛	体验小小演员
六年级(下)	书法展示	雪花的快乐——徐志摩	我的小学生活	再见了,少年	我的少年梦

　　"嘉境语文"课程设置面向全体学生,注重每一个孩子的发展为基点,开设了不同的课程。课程中不同形式的呈现,正是平等对待每一个孩子的表现。其中课程不同阶段出现不同的形式,这样也为不同的孩子提供了不一样的选择。正所谓"和而不同",真善美的本质不曾改变,唯有独立的自我一直在慢慢升腾。

第四节　以审慎的视角凝望昂首的芬芳

"嘉境语文",让孩子在美好的情境中总能闪烁出独特的光芒,不求光芒万丈,只求独立芬芳,昂首向上。为此,围绕"嘉境"这一理念,随之开展了适宜学生发展的课堂、社团等系列活动。

一、打造"嘉境课堂",落实基础文化

(一) 学科课程实施

首先,我校在课程实施中积极开展各项活动,落实全体语文教师协商、全体实践、互帮互助的集体参与制度。在语文教研组的积极研讨中,充分结合本校学生的实际学习状况,提高学生对各项活动实际参与的积极性。其次,在课堂中积极关注学生的学习状态,采用多种形式的教学方式,不断调整教学思路,让孩子在真正适应的情境中有所收获。最后,结合校情、学情,发挥家长参与的积极性,让有趣的学习在有味的活动中温暖于心。

(二) 学科课程评价

1. 注重过程性评价。过程是学生眼口手脑等多种形式互相作用后的深刻体验。在学习中专注地投入,美妙的学习乐趣是直接的数据显示无法测量的。所以更应尊重和关注学生的思维和情感。

2. 以学生自我评价为主。真正的清醒不是跟别人比,最重要的是要意识到不同时段的自己的进步与不足,这样自我评价就显得尤为重要了。学生可以根据自己不同时段的表现合理地给自己打分,督促自己不断进步。

3. 评价的开放性。只有自己对自己的评价是单调的,所以评价更应多维度、多角度,从更大和更广泛的空间放开对自我的局限,才能看到更多不一样的自己。

4. 注重过程性材料的收集:每个学生交一份最满意的文学作品,从中考察学

生的素养能力。在每个主题后,让学生将活动的过程和感受以体验文章的形式写下来,留有一定时间让学生谈谈活动体会,并将这种体会、心得装订成册。建立评价表,分阶段由个人、小组、家长、教师共同填写。如表3-3。

表3-3　"嘉境语文"课程评价量表

评价主体	评　价　标　准	评分
解放的 教学理念 (5分)	1. 符合新课标的理念,注重培养学生的核心素养。(2分)	
	2. 有开放的教师观和学生观,一切以学生的发展为本,将更多学习的主动权交给学生。(2分)	
	3. 面向全体,张扬个性,使每个学生都能得到相应的发展。(1分)	
饱满的 教学目标 (10分)	1. 教学目标的制定符合年段特点以及学生的认知基础,将教学与学生的经验世界相勾连,激活思维。(3分)	
	2. 目标涵盖三个维度,帮助学生在原有基础上得到发展。(2分)	
	3. 各门学科各有所长、各负其责,共同培养多样化的人才。(3分)	
	4. 能根据教学目标的需要,对"嘉境课堂"进行重组、整合。(2分)	
丰富的 教学内容 (30分)	1. 正确把握教材,并能创造性地使用教材,根据教学需要来开发课程资源,丰富教学内容。(10分)	
	2. 教学内容有层次、有梯度,在把握基础性知识的基础上注意适度拓展,使不同程度的学生各有发展。(10分)	
	3. 根据学生的学习基础、符合学生的发展水平,唤起学生的发展经验,使学生主动参与学习。(10分)	
互动的 教学过程 (40分)	1. 根据教学内容来创设恰当的教学情境,教学活动设计科学、组织形式灵活多样,能引导学生主动进行积极的思考。(5分)	
	2. 设计统整性的问题,练习有价值、有弹性,鼓励学生质疑、创新。(10分)	
	3. 突出学科思维方法,注重探究,恰当、合理地组织有效的合作学习和互动交流,促进学生的自主学习。(10分)	
	4. 教师能根据课堂教学情况与课堂生成,恰当地进行调整教学预设,以便适应变化、互动的课堂。(10分)	
	5. 在和谐、平等的师生对话的基础上,根据学生的个性发展,促成丰富、多维的对话。(5分)	

续　表

评价主体	评　价　标　准	评分
激励的 教学评价 (5分)	1. 能用激励性的语言评价学生的课堂表现，及时、准确且富于个性化，能够包容、激励学生。(3分)	
	2. 评价方式多样，从尽可能多的角度来满足学生在认知、情感、个性方面的差异。(2分)	
提升的 教学效果 (10分)	1. 学生积极参与学习活动，课堂民主，思维活跃，不断有智慧火花的绽放。(2分)	
	2. 学生的主体性地位得到体现，乐于动脑、动口、动手，感受到学习的快乐。(3分)	
	3. 学生学会学习，得到发展，并能促进教学相长。(5分)	

　　学科课程是一所学校发展的根基，围绕这一根基，从不同的因素互相考量，主要有教师、学生和综合课程。学校多次审视评价体系，确定了三个方面的评价内容：学生综合评价、教师综合评价、课程综合评价，具体实施如下：

　　1. 学生综合评价

　　学生是一个充分独立的个体，更应注重学生的学习过程和内在潜能。构建符合学生综合素质发展的多元评价体系，发挥评价的引领和激励功能。结合多种形式的评价，对学生在课程学习过程中进行常规评价，根据各年级学期初所制定的评价标准与方法，定期反馈评价结果。见表3-4。

表3-4　八一嘉实希望小学"嘉境语文"评价(学生)量化表

评价项目	具　体　内　容	评价等级			自　评
		A	B	C	
情感态度	积极参与学科活动，自觉遵守纪律。				
	善于观察，主动提出问题、建议。				
	不怕困难，勇于克服。				小组评价
合作交流	主动和同学配合、相互合作。				
	乐于帮助同学、资源共享。				
	认真倾听同学的观点和意见，大胆发表个人意见。				
	对班级和小组的学习作出贡献。				家长评价

续　表

评价项目	具 体 内 容	评价等级			家长评价
		A	B	C	
学习技能	善于发现问题、提出问题，活动方案构思新颖。				
	会用多种方法搜集、处理信息。				
	实践方法、方式多样。				
实践活动	积极动脑、动口、动手参与。				教师评价
	会与别人交往。				
	活动有新意。				
	能把所学知识与实际相联系。				
成果展示	论文、调查报告等。				
	标本、竞赛、汇报、图片、视频。				
	成果及获奖情况。				

2. 教师综合评价

对语文教师的教育教学工作加强质量监控，实施质量过程性管理，不断优化教学手段，发挥引导作用，见表3-5量化评分，使"嘉境语文"课堂特色进一步彰显。

除此之外，教导处组织检查常规教案的编写与修改、反思；分年级组织教师坚持学习培训，完成培训记录；年级教研组内坚持听评课，完成听课记录；教师个人坚持阅读，完成阅读记录并分享。逐项纳入教师周记录、月考核、学期工作等级评定。见表3-5。

表3-5　八一嘉实希望小学"嘉境语文"评价(教师)量化表

学科名称			
开 发 者		合 作 者	
实施对象		课时总数	
评价项目	评 价 要 求		评价分数
学科开发目的意义20%	与国家地方课程的联系密切。	3	
	对学生各方面素质提高的意义。	7	

续　表

评价项目	评 价 要 求	评价分数	
学科开发目的 意义20%	是否实现"五有"目标。	5	
	对学生相关能力培养的意义。	5	
学科目标的 确立20%	目标明确、清晰。	7	
	知识目标、能力目标和情感目标。	6	
	考虑到学力分层的因素,贯彻因材施教的原则。	7	
学科内容 40%	内容组织得好,层次分明,教材框架清晰。	10	
	内容科学、启发性强、突出能力。	15	
	内容新科技、新观点、新教学思想含量高。	15	
学科课程 评价20%	评价可操作性强、方法科学、具有激励性和制约作用。	20	
评价结论	课程领导小组签字:		
建　议	课程指导专家签字:		

3. 课程综合评价

　　学校领导带领语文学科课程考核小组,通过问卷调查、座谈访问等形式,对实施中的语文课程进行诊断分析,在核心素养背景下对语文教师课程实施水平进行评价,有利于促进教师发展。见表3-6。

表3-6　八一嘉实希望小学"嘉境语文"评价(课程综合)量化表

类　别	指标	标　准　解　读	效果
教学目标	明确	1. 紧扣课标和学段要求,体现教材特点,切合学情简单、明确。	
		2. 有机渗透融合,具体、明确,可操作、可检测,直指核心素养。	
教学内容	生成	1. 主线清晰,重难点突出;结构合理,循序渐进。	
		2. 能够根据内容分配时间,单位时间效率高。	
		3. 课堂立足学科素养,教学内容丰富。	
教学方法	智慧	1. 将课堂自主权还给学生,倡导个性化、多样化学习,提倡自主自学、合作探究、多元互动、和谐共生等多种学习方式。	

类 别	指标	标 准 解 读	效果
教学方法	智慧	2. 切实贯彻"以学定教"原则,最大限度地了解学生学习中遇到的问题,并对问题进行梳理归纳,聚焦问题。	
		3. 教师善于引导、鼓励学生质疑,培养学生的质疑能力。学生在课堂中敢于质疑,并表现出一定的质疑能力。	
		4. 学习目标问题化,以明确的学习任务作为启动和组织学生学习活动的操作把手,激发学生探究新知的热情。	
教学文化	灿烂	1. 用问题引领、指导学生探究,学生自主探究时间充分。	
		2. 教师参与学生探究活动,能兼顾到各个层面的学生。	
		3. 学生参与展示交流时,态度积极,参与面广,参与度深。	
		4. 学生在自学和展示的过程中,体现合作、探究、实践、质疑等学习方式;学生能够恰当评价;教师进行适时引导,关注有效生成,问题获得解决。	
本课的亮点:		独特的感受:	

二、开展"嘉境社团",丰富课余活动

活动是课堂教学的有益延伸和补充,是校园文化建设的重要载体。语文社团具有学习的自主性、主体的实践性、实践的开放性、内在的驱动性和效果的可测性等多元特性。"嘉境社团"活动将语文中的学与做结合起来,开创了知识的新的生命力,锻炼了学生的手力、眼力和脑力,让学生懂得参与、思考。学生在丰富多彩的社团活动中提升素养,发展能力,涵养性情。

(一)"嘉境社团"的主要类型

我校成立了绘本阅读、经典诵读、趣味识字、成语故事、童话表演、汉字听写、我手写我心、故事采集所、我是小小主持人、整本书阅读故事表演、走近作家、名著遨游、少年演说家等众多优质语文学习社团,为孩子们提供多样化、个性化的自由展示空间,让他们享受丰富多彩的课余生活。见表3-7。

表 3-7 南昌市八一嘉实希望小学"嘉境语文社团"课程

实施年级	课　程	学 习 预 设	学 习 途 径	活 动 设 计
一上	绘本阅读	管理好自己的情绪	绘本	1. 学习绘本 2. 畅所欲言
一下	经典诵读	以读悟情	国学经典	1. 和同学一起诵一诵 2. 组内欣赏
二上	趣味识字	积累生字,提高识字量	识字剪贴、课件	1. 交流课外识字贴 2. 交流识字方法
二下	成语游戏	积累成语,提高学习成语的兴趣	成语故事、课件	1. 交流成语 2. 成语故事会 3. 成语接龙
三上	童话阅读	激发孩子们的阅读兴趣	童话书	1. 课内读书吧 2. 课外阅读 3. 课内交流
三下	我手写我心	记录自己想说的话	每天经历的生活	畅所欲言
四上	故事采集所	善于聆听和沟通	与同学访谈、交流	1. 制定主题 2. 自由展示
四下	我是小小主持人	增强表现欲望和口头表达能力	课外读物报纸	轮流展示
五上	汉字听写	积累生字,提高识字量,通过听写增加识字量	生僻字资源、字典	1. 交流课外积累的汉字 2. 比一比谁得到
五下	整本书阅读故事表演	通过对整本书的阅读,积累课外识字量	整本课外书	1. 交流反馈 2. 表演
六上	走近作家	认识课文中的大作家,了解作家生平,从而加深对文章的理解	名人传记	1. 查找文字、图片资料 2. 交流 3. 访谈
六下	少年演说家	合理、清晰、准确地表达自己的观点	演说家视频、课件	举行演讲比赛

(二)"嘉境语文社团"评价

评价的主要目的是为了全面了解学生的学习状态,激励学生不断发展的积极性和调整教师的教学思路,建立对学生的评价既要关注学生学习的结果,更要关注他们的学习历程。见表3-8。

表3-8　南昌市八一嘉实希望小学"嘉境语文社团"评价表

嘉境文学社团评价表						
综合素质	参与态度 (15分)	参与程度 (15分)	合作效果 (15分)	学习能力 (15分)	表达能力 (20分)	阅读能力 (20分)
自　评						
同学互评						
教师点评						

三、建设"嘉境节日",延伸节庆文化

(一) 课程内容

节庆学习即是围绕多个主题节日进行不同形式的学习。在这种学习方式中,主要以贴近学生实际生活为主,围绕"我过节,我快乐"的主题,让学生积极主动地参与其中,享受课余时间校园赋予的律动的青春生活。

每个学期开始前,学校就开始集体研究、策划不同主题的校园节日,以丰富多彩的节庆活动吸引学生,为他们在校园生活留下美好回忆。校园内会设置丰富多彩的"涂鸦节"、绚丽多姿的"艺术节"、热热闹闹的"活动节"、富有温度的"爱心节"、生机盎然的"园艺节"、开阔眼界的"旅游节"……这些校园节日根据不同学生的兴趣爱好逐步开展,让学生感受生活中温馨的仪式,更增添了一抹青春的亮色。

(二) 课程实施

在落实节庆文化课程上,学校让学生自己设计、自己策划、自己实施、自己评价。从选定主题到活动环节、到活动呈现等都让学生参与进来,学生的学习主动性可以得到比较好的发挥。学校还充分利用宣传栏和板报等方式来宣传,帮助营造节日的氛围,呈现丰富的节日文化。

(三) 课程评价

　　教师对于孩子能力的评价,主要体现在活动过程中。但在活动最后,也会设置一些奖项,如"最佳节日评选活动"、"最佳创意奖"、"最佳人气奖"、"最佳时尚奖"、"最佳娱乐奖"等,让学生设计评价方案,参与评选,最后选定获奖人,给予孩子自主评价的空间。学校定期开展"校园节日大比拼"等活动,通过"节日名片"、"节日卡通形象"、"节日故事"、"节日之花"等方式,把评价的权利转交给了所有参与的观众。见表3-9。

表3-9　南昌市八一嘉实希望小学"嘉境节日"评价表

评价维度	评 价 指 标	观 测 点	得 分
参与意识(20)	在活动过程中是否积极主动	学生投入活动的状态	
合作能力(20)	在活动中是否能团结	群体或小组分工,遇到问题的解决方法	
实践能力(20)	是否敢于实践	学生不断尝试,反复实践	
探究能力(20)	是否敢于探索新知	看活动主题是否有新意	
思考能力(20)	是否积极主动地思考问题	学生发言表现,或收集新创意小纸条	

四、推行"嘉境之旅",拓展延学旅行

(一) 课程内容

　　课程是一段美好的人生经历。行走在不同情境中,不期而遇的景物与事物等都将化作自己一段丰富的人生经历。教育的形式有多种,不光有锁定在教室里的琅琅书声,更应有游历与经历后的大开眼界和家国情怀。只有站得高才会看得远,只有不断地将每一份经历抒写为对生活的感悟,只有将更深刻的自信镌刻在不断检验的真知之上,他们的目光才会更加辽远,心胸才会更加宽广,思想才会更加深邃,内心才会更加独立。这样的生命才能更加从容而生动。

　　研学旅行有利于学生获得不同的见识、了解不同民族的文化、领略各异的风情,因而被人们称为"会行走的教室"。学生漫步在自然山水之中,穿越在历史古迹之中,感受到的是最真实的原野与天空,呼吸的是自由与民主的养料,了解过去,才能更清醒地正视现在,更坦然地直面未来。具体课程设计要从学生的实际情况出发,采取"我想、我走、我悟"等板块设计,让学生在开放的思路中自由地探索。其中,自由中也要建立相应的计划和策略。"行"前都要先做好各种规划;"行"中做好参观记录、思考和提问,找准景点的风光特点或历史典故;"行"后写下自己的独特见解和感受,并和同伴分享。

(二) 课程实施

　　研学课程主要通过学校的春、秋游,参观博物馆、艺术馆、民俗馆、纪念馆的方式完成。每次研学活动,我们都会举行开营仪式,仪式上对活动做出具体安排,提出活动要求,引起孩子们对活动的重视,引导学生带着问题任务去学习,培养学生针对性的学习能力。通过乘坐高科技动车组,让学生感受科技给出行带来的便捷,引导激发学生的创新精神;通过餐前感恩仪式,让学生忆苦思甜,引导学生珍惜和感恩;通过集体用餐,了解传统的餐桌文化,培养学生的餐桌礼仪;通过参观革命纪念馆,了解革命历史,引导学生通过用倾听、记录、询问等方式寻找自己感兴趣的知识点;通过参观农业园,体验粮食种植的过程,提高学生的动手能力,培养学生的生活技能;通过参观名人雕塑园,让学生感受灿烂的雕塑文化,引导学生探究悠久的雕塑文化史;通过趣味体验拓展,培养学生团队协作精神;通过参观名人纪念馆,学习名人事迹、家风家训,培养学生正确的思想观念,引导学生探究历史名人带给世人的影响和意义。

(三) 课程评价

　　我们的评价更多的是落实在孩子行走的过程里,在他们的言行中。每个学生要为自己参加的活动做出一个小结,写一写沿途的所见所闻,说一说活动的收获与感想。见表3-10。

表 3-10　南昌市八一嘉实希望小学"嘉境研学"评价表

评价维度	评价指标	观 测 点	得　分
认知与能力 (40)	兴　趣	学生行为表现	
	实践能力	在研学过程中的参与与探索情况	
价值观(30)	自我认同	自信心的呈现	
情感(30)	集体的归属感	在集体活动中是否有群体意识和在活动中能否友好相处	

五、聚焦"嘉境整合",发展专题教育课程

(一) 课程内容

　　"嘉境课程"是一篇合奏的乐章,就如字、词、句、篇,每个字符间结合构成一幅幅优美的画卷,正所谓德智体美劳多种素质发展,这样健全的灵魂才能在教育的领域内灵动地徜徉。"嘉境课程"的整合就是以主题统整不同学科课程内容,学生在活动过程中学习并运用不同学科课程内容。如廉洁教育课程、安全教育课程、感恩教育课程、健康教育课程等。

(二) 课程实施

　　落实课程文化思想,既要统筹规划,又要分散实施。如廉洁教育课程,利用晨会的时间经常表扬拾金不昧的行为;安全教育课程,应让孩子真正了解安全的重要性及如何更好地注意安全,通过请消防员和交警等专业人员进课堂来为孩子们讲解关于安全的知识以及现场演练;感恩教育课程,对于感恩教育的实施,可以从感恩父母开始,感谢父母的养育之恩,开展"我能为父母做点什么"的活动,让学生以自己的实际行动感恩于父母;感谢祖国,感谢祖国的哺育之恩,开展"我的祖国最美"手抄报活动,让孩子用智慧的双手绘出他们心中最美的祖国;健康教育是对孩子"体"的最好诠释,从身体到心理都具备高度的健康意识,主要从每天加强必要的身体锻炼做起,倡导孩子在周末完成作业的同时多走向自然。同时,开展"一日谈"活动,让孩子与教师之间、孩子与父母之间能够敞开心扉,说出自己最想说的话。

一个主题活动整合了各种不同类型的课程,并为孩子创造了各种有趣的活动,一个个有趣的活动点亮了孩子每一天的生活,一天天不断地循环,"嘉"和"境"的思想也将随着孩子的成长走向远方。

(三) 课程评价

这里的评价,要对孩子整个活动的过程进行评价,要对学生通过实践活动所获得的感知进行评价。通过教师、同学之间的互动、对话,对活动的每个环节都给予及时的肯定性评价,让学生在参与的过程当中既感受到活动的乐趣,又能学到实际的知识。见表 3-11。

表 3-11　南昌市八一嘉实希望小学"嘉境语文"专题课程(学生)评价表

评价维度	评价指标	观 测 点	得 分
品德(20)	诚实	学生语言和行为	
独立(20)	遇到问题能否用心思考	是否求助	
习惯(20)	书写姿势,与父母、师生相处	课堂书写,养成良好的书写习惯,与师生相处状态	
态度(20)	内心真实想法	对父母,对周边事物的举动与看法能充分表达自己内心的想法	
能力(20)	自律意识	自己对自己的要求,逐步学会自己约束自己	

综上所述,"嘉境语文"是一种引领学生和教师共同成长的乐园,是一种升腾出独立、自由思想的美妙张望,是一所在踏实、追逐、灵动、守望中闪着光的温暖港湾。在这种美妙与停留中,我们正一步一步地实践着。在畅想与行动的同时,花儿的开放更需要一份凝视的力量。默默地关注,深情地守望,就如《麦田里的守望者》那份痴情,看着你肆意地笑,而在你不慎失足时,冲上去,拉住的就是我们最终的守望。

(执笔人：朱艳婷、万红梅、黄星)

第四章

语言是文化
生活的演绎

教育是生活的过程。语文课程,这个生活家园,是一个生命相互浸润、相互熏陶的动态过程,被优秀文化浸润过的生活和心灵,能获得更强健的精神。这也是"润滋语文"的课程宗旨所在,润泽生命,滋养性情。

➡ 润滋语文：让语文润泽心灵

南昌市滨江学校语文教研组,现有教师 24 人。其中,江西省骨干教师 1 人,南昌市骨干教师 4 人,东湖区学科带头人 4 人,东湖区骨干教师 5 人。南昌市滨江学校为九年一贯制学校,中小学语文教研组以"润泽学生心灵"为主旋律进行专业团队建设,结合"上有思维含量的语文课"的教学理念,通过听评课和各种经验交流活动,在实践中提升教师的各方面素养。

第一节　润泽和滋养：提升语文素养

一、学科价值观

《义务教育语文课程标准(2011 年版)》明确指出:"语文课程是一门学习语言文字运用的综合性、实践性课程。义务教育阶段的语文课程,应使学生初步学会运用祖国语言文字进行交流沟通,吸收古今中外优秀文化,提高学生思想文化修养,促进自身精神成长。工具性与人文性的统一,是语文课程的基本特点。"[1]

学生发展核心素养,主要指学生应具备的,能够适应终身发展和社会发展需要的必备品格和关键能力。核心素养的培养,是一个持续性的过程,是人类推动社会发展不可或缺的力量。

要真正提高学生的自主学习能力,促进他们不断地提升和成长,为将来的发展打下坚实的基础,不能忽视语文课程这个核心素养的培养阵地,一定要在语文教学中坚持核心素养培养。

基于这种认识,我们认为,润滋语文是对学生语文素养的一种润泽和滋养,即学习祖国语言文字的运用,启迪智慧,升华思想,涵养人格。我们以打造"润滋语

---

① 中华人民共和国教育部. 义务教育语文课程标准(2011 年版)[M]. 北京：北京师范大学出版社,2012.

文"为桥梁,努力实现学生素养的提升。

二、学科课程理念

《义务教育语文课程标准(2011年版)》指出:"语文课程致力于培养学生的语言文字运用能力,提升学生的综合素养,为学好其他课程打下基础;为学生形成正确的世界观、人生观、价值观,形成良好个性和健全人格打下基础;为学生的全面发展和终身发展打下基础。"①

依据《义务教育语文课程标准(2011年版)》,结合我校历史、文化、语文学科和学校实际情况,提出我校语文学科的核心概念为"润滋语文"。所谓"润滋语文",即"润泽生命,滋养性情"的课程。

倡导以学生为主体。学生发展为主旨,个体差异要尊重,学习需求应满足,个性特长当注重,因材施教,语文素养定提高。

倡导以语文为基础。努力提高教师素养,认真钻研教材,精心设计教学方案,灵活运用教学策略,善于引导,语文课堂成快乐学习的天地。

倡导以生活为准则。语文源于生活,丰富活动常开展,运用语文意识强,学生的语文素养得到多方面提高,于生活中感悟语文,润泽生命,滋养性情。

第二节   熏陶和感染:促进和谐发展

一、学科课程总目标

《义务教育语文课程标准(2011年版)》指出:"九年义务教育阶段的语文课程,必须面向全体学生,使学生获得基本的语文素养。语文课程应激发和培育学生热爱祖国语文的思想感情,引导学生丰富语言积累,培养语感,发展思维,初步掌握学习语文的基本方法,养成良好的学习习惯,具有适应实际生活需要的识字写字能力、阅读能力、写作能力、口语交际能力,正确运用祖国语言文字。语文课程还应通

---

① 中华人民共和国教育部.义务教育语文课程标准(2011年版)[M].北京:北京师范大学出版社,2012.

过优秀文化的熏陶感染,促进学生和谐发展,使他们提高思想道德修养和审美情趣,逐步形成良好的个性和健全的人格。"①

依据《义务教育语文课程标准(2011年版)》,我校语文课程目标分为显性课程目标和隐性课程目标。

(一)语文显性课程目标

学会基础的语文知识,具有一定的识字写字、阅读、习作口语交际、综合实践等能力,正确掌握有效的学习方法,养成良好的学习习惯,是教师希冀学生努力达到的具体目标。

润滋识字写字教学。喜欢主动识字、写字,独立识字的能力较强。写字姿势正确,硬笔、毛笔书写楷书及基本行楷,整齐美观,有一定的速度,书写习惯良好。

润滋阅读教学。喜欢阅读,能用普通话正确、流利、有感情地朗读。能读懂不同文体文章,会理清思路、概括要点、探究内容,并敢于提出质疑,养成爱读书、读好书、读整本书的好习惯。

润滋写作教学。愿意留心周围事物,能够流畅地写下自己的见闻、感受和想象,并且有意识地积累自己的习作素材,和别人积极分享交流,不断提高自身的写作水平。

润滋交际教学。愿意与人交流,懂得尊重对方,耐心倾听。参与讨论时语言文明,语气平和,语调平缓,表达有条有理。

润滋实践教学。喜欢积极参加或策划有趣味的语文活动,在活动中得到锻炼和提高。愿意利用所学知识解决学习或生活上的问题,在实践的过程中激发更大的学习兴趣。

(二)语文隐性课程目标

"润滋语文"课程通过优秀文化的熏陶感染,促进学生和谐发展,提高学生思想道德修养和审美情趣,逐步形成良好的个性和健全的人格。②

---

① 中华人民共和国教育部.义务教育语文课程标准(2011年版)[M].北京:北京师范大学出版社,2012.
② 中华人民共和国教育部.义务教育语文课程标准(2011年版)[M].北京:北京师范大学出版社,2012.

人文素养目标。工具性与人文性的统一,是语文课程的基本特点,没有人文情怀的语文是没有生命力的。"润滋语文"注重情感交流,关注学生情感体验和道德生活,帮助学生发展个性,滋养性情。

道德修养目标。育人是教育的最终目的。"润滋语文"凭借课程教学教育学生形成正确的观念,明辨是非,树立远大理想,奋发向上。

审美情趣目标。一篇篇文质优美的文章就是美的载体。"润滋语文"注重借助教材有效地进行循序渐进、灵活多样的审美教育,让学生体验美的感觉,受到美的感染,激发他们的审美情趣,提高他们的审美能力。

二、学科课程年级目标

依据《义务教育语文课程标准(2011年版)》,我们制定了"润滋语文"年级课程目标,详见表4-1。

表4-1 "润滋语文"年级课程目标表

年级	学期	识字写字	阅读	习作	口语交际	综合性学习
一年级	上学期	学会汉语拼音,掌握汉字的基本笔画,写字姿势正确。	用普通话正确、流利地朗读课文。	看图说完整的一句话。	能与别人交谈,态度自然大方,有礼貌。	能就感兴趣的内容提出问题。
	下学期	学习独立识字。	认识课文中出现的常用标点符号。	看图说完整的几句话。	简要讲述自己感兴趣的见闻。	用口头或图文等方式表达自己的观察所得。
二年级	上学期	掌握汉字的基本笔画和常用的偏旁部首。	学习默读,做到不出声,不指读。	学习使用逗号、句号、问号、感叹号。	复述大意和精彩情节。	能就感兴趣的内容提出问题。
	下学期	会使用音序,能用音序和部首检字法查字典。	积累词语,背诵指定的课文。	使用阅读和生活中学到的词语。	完整地讲述小故事。	用口头或图文等方式表达自己的观察所得。

续　表

年级	学期	识字写字	阅　读	习　作	口语交际	综合性学习
三年级	上学期	用硬笔熟练地书写正楷字。	借助字典、词典、生活积累、上下文理解词语。	能把所看所想写明白。	能把握主要内容，并能简要转述。	用书面或口头方式表达自己的观察所得。
	下学期	用毛笔临摹正楷字帖。	把握文章的主要内容，复述叙事性作品的大意。	正确使用表达符号，语句通顺。	讲述故事力求具体生动。	运用语文知识和能力解决简单问题。
四年级	上学期	继续用硬笔熟练地书写正楷字。	按要求预习课文。	能用简短的书信、便条进行交流。	能转述基本内容。	用书面或口头方式表达自己的观察所得。
	下学期	继续用毛笔临摹正楷字帖。	复述课文，分角色朗读。	正确使用冒号、引号等标点符号。	主动表达想法，说清楚自己的意思。	运用语文知识和能力解决简单问题。
五年级	上学期	硬笔书写楷书，行款整齐，力求美观，有一定的速度。	默读有一定的速度，初步领悟文章的基本表达方法。	能写简单的记实作文和想象作文，内容具体，感情真实。	与人交流能尊重和理解对方。	了解查找资料、运用资料的基本方法。
	下学期	毛笔书写楷书，在书写中体会汉字的优美。	学习浏览，扩大知识面，根据需要搜集信息。	能根据内容表达的需要，分段表述。	表达有条理，语气、语调适当。	尝试写简单的研究报告。
六年级	上学期	硬笔书写楷书，行款整齐，力求美观，有一定的速度。	诵读优秀诗文，体味作品的内容和情感。	学写读书笔记，学写常见应用文。	稍作准备后能做简单的发言。	学写活动计划和活动总结。
	下学期	毛笔书写楷书，在书写中体会汉字的优美。	扩展阅读面。	修改自己的习作，并主动与他人交换修改。	注意语言美，抵制不文明的语言。	组织讨论、专题演讲。
七年级	上学期	掌握七年级上册"读读写写"中的生字词，练习正楷。	阅读七年级上册名著《朝花夕拾》《西游记》。	注意对象和场合，学习文明得体地交流。	学习记事、写人的写作技巧。	开展交友主题综合性学习。

续　表

年级	学期	识字写字	阅　读	习　作	口语交际	综合性学习
七年级	下学期	掌握七年级下册"读读写写"的生字词、练好正楷。	阅读七年级下册名著《骆驼祥子》《海底两万里》。	学会倾听，理解对方的观点和意图。	学习写出人物的精神的写作技巧。	开展孝亲敬老主题综合性学习。
八年级	上学期	掌握八年级上册"读读写写"的生字词、练习行楷。	阅读八年级上册名著《红星照耀中国》《昆虫记》。	练习讲述、复述、转述的技巧。	学习写消息、学写人物小传的写作技巧。	开展保护环境主题综合性学习。
	下学期	掌握八年级下册"读读写写"的生字词、练好行楷。	阅读八年级下册名著《傅雷家书》《钢铁是怎样炼成的》。	练习、掌握、应对即席发言的技巧。	学习仿写、读后感、书信的写作技巧。	开展诚信主题综合性学习。
九年级	上学期	掌握九年级上册"读读写写"的生字词、整理易错形近字。	阅读九年级上册名著《泰戈尔诗选》《水浒传》。	练习讨论、辩论的技巧。	学习缩写、改写的写作技巧。	开展自强不息专题综合性学习。
	下学期	掌握九年级下册"读读写写"的生字词、练习中考字形题。	阅读九年级下册名著《格列佛游记》《简爱》。	练习采访、演讲的技巧。	学习诗歌的写作技巧。	开展难忘初中生活主题综合性学习。

第三节　开发和培育：由浅及深螺旋上升

一、"润滋语文"课程结构

依据国家有关方针政策，以《语文课程标准》为依据，我校基础性课程以国家统编教材为载体，拓展性课程以关注语文学科核心素养、结合学生的发展特点以及我校学生的学生特质，从识字写字、阅读品味、口语交际、写作表达、语文综合实践五个维度，按年级分阶段设计了45门主题课程。纵向来看，由浅及深体现螺旋上升，横向来看,涵盖各年级五个维度的学习,环环相扣。他们像小雨滴一样滋润着学生的生命,滋养着学生的品格与性情。课程结构见图4-1。

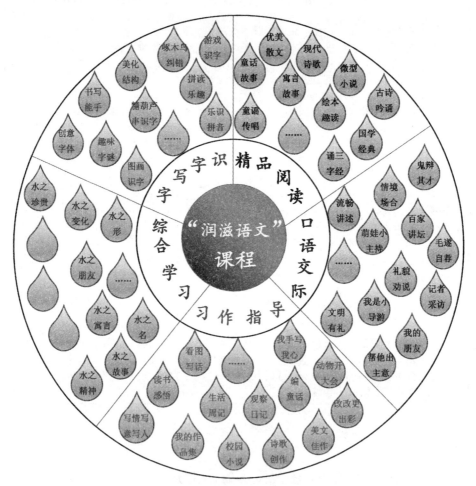

图4-1　"润滋语文"课程结构图

二、"润滋语文"课程设置

　　我校"润滋语文"课程框架根据学校课程体系,分为基础性课程和拓展性课程。基础性课程主要是国家基础课程,提升学生语文知识与能力;拓展性课程则是根据学校特点开展的满足学生的个性化需求,培养学生的兴趣与特长。

"润滋语文"课程设置见表 4-2。

表 4-2 "润滋语文"课程设置

类 别		基础课程	拓 展 课 程				
年段内容		国家教材内容	润滋识字与写字	润滋阅读	润滋交际	润滋写作	润滋实践
一年级	上学期	统版教材一上课本	乐识拼音	童谣传唱	流畅讲述	我手写我心	水之形
	下学期	统版教材一下课本	拼读乐趣	诵三字经	文明有礼	看图写画	水之名字
二年级	上学期	统版教材二上课本	图画识字	绘本趣读	有趣的动物	动物开大会	水之变化
	下学期	统版教材二下课本	游戏识字	国学经典	情境场合	编童话	水之朋友
三年级	上学期	统版教材三上课本	啄木鸟纠字	童话阅读	萌娃小主持	观察日记	水之寓言
	下学期	统版教材三下课本	糖葫芦串串识字	寓言故事	礼貌劝说	生活周记	水之故事
四年级	上学期	统版教材四上课本	趣味字谜	古诗吟诵	我是小导游	读书感悟	水之珍贵
	下学期	统版教材四下课本	美化结构	优美散文	帮他出主意	改改更出彩	水之曲
五年级	上学期	统版教材五上课本	书写能手	现代诗歌	鬼辩其才	美文佳作	水之古诗
	下学期	统版教材五下课本	渐入风格	微型小说	百家讲坛	诗歌创作	水之诗歌
六年级	上学期	统版教材六上课本	创意字体	小古文	毛遂自荐	校园小说	水之精神
	下学期	统版教材六下课本	挥毫泼墨	长篇小说	记者采访	我的作品集	水娃榜样
七年级	上学期	统版教材七上课本	硬笔楷书书法作品欣赏	光怪陆离的世界(神魔小说荐读)	我的朋友	写情写意学写人	水之古文

续　表

类　别		基础课程	拓　展　课　程				
年段 内容		国家 教材内容	润滋识字 与写字	润滋阅读	润滋交际	润滋写作	润滋实践
七年级	下学期	统版教材 七下课本	硬笔楷书书 法临摹	头脑风暴(科 幻作品荐读)	劝告	尺尺水兴澜 学写事	水之性情
八年级	上学期	统版教材 八上课本	硬笔楷书书 写技法学习	真实的艺术 (纪实类作 品荐读)	新闻播报	"名人"传 (为我身边 人写小传)	水之心态
	下学期	统版教材 八下课本	硬笔行楷书 法作品欣赏	感动世界的 精神力量(名 家散文荐读)	我是演说家	实用文体写 作	水之品格
九年级	上学期	统版教材 九上课本	硬笔行楷书 法临摹	诗和远方 (现代诗歌 荐读)	朗读者	思想的微光 (议论文写 作)	水之纯粹
	下学期	统版教材 九下课本	硬笔行楷书 写技法学习	讽刺的魅力 (讽刺小说 荐读)	唇枪舌战	中考作文专 训	水样人生

第四节　落实和拓展：润滋学生情感心灵

语文是促进学生全面发展和终身发展的核心课程。语文素养是一种内化于心的技巧和能力。"润滋语文""教"的是知识，"育"的是文化，"学"的是方法，"习"的是经历。"润滋语文"从落实"润滋课堂"、打造"润滋课程"、丰富"润滋节日"、开启"润滋赛事"、繁荣"润滋活动"这五方面入手，在滋养润化中引导学生领悟语文之美，践行"让语文润滋学生心灵"的理念。

一、落实"润滋课堂",巩固语文学习基础

"润滋语文"的课堂是积累润化的学习过程,课堂探求文本之心,追寻学生之心,体悟教者之心。课堂以春风化雨、润物无声的效果,让语文润滋学生的学习习惯、兴趣、情感态度、能力、素养。

(一)"润滋课堂"的实践与操作

学科基础课程的实施,需要建构精彩课堂,"润滋课堂"应是始终唱响在课堂教学中的主旋律,具有以下五个特征:

1. 润之读中。"润滋课堂"是一个精准把握教学目标的课堂。针对优美的词语、句子、段落进行个性化的诵读,在读中感悟,在读中积累。

2. 润之悟中。"润滋课堂"是一个合理策划教学过程的课堂。有目的有计划地引导学生能动地进行认识活动,循序渐进地领悟文化科学知识和基本技能,"润"之悟中,投入愉悦的教学过程。

3. 润之思中。"润滋课堂"是一个精心设计教学方法的课堂。这样的课堂,有实际的思考,有各样的活动。既动脑又动手,培养纯熟的思考能力和创新能力,"润"之思中,得益启智的教学方法。

4. 润之心中。"润泽课堂"是一个有效优化教学评价的课堂。评价及时、准确,发现学生的优点,培养学生的信心,完善学生的不足,着眼学生的未来。"润"之心中,享受激励的教学评价。

5. 润之写中。"润滋课堂"是一个运用的课堂,每节课安排一个课堂小练笔,让学生学有所用,学以致用,锻炼学生写作的能力。

以上五者相辅相成,构建了一个精彩、有活力的"润滋课堂"。

(二)"润滋课堂"的评价标准

基于"润滋课堂"的内涵特点,学校从教学目标、教学内容、教学过程、教学效果等方面,制定了"润滋课堂"的评价标准,引领课堂发展方向。"润滋课堂"的评价标准见表4-3。

表 4-3 "润滋课堂"评价标准

评 价 主 体	评 价 要 点	效 果
"润"之读中	1. 声音清脆、响亮,吐字非常清晰。	
	2. 不读破句,不断读,标点停顿和句中停顿都很恰当。	
	3. 重音明确。能根据表情达意的需要,正确确定、突出重音。	
	4. 读出不同的语音、语气。能根据语言环境正确地读出不同的语音、语气。	
"润"之悟中	1. 领悟难懂的词语和句子。	
	2. 感悟课文表达的情感。	
	3. 感悟语言的表达方式。	
	4. 领悟不同的课文表达的主旨。	
"润"之思中	1. 思考学习的收获。	
	2. 注意知识的拓展及课程资源的开发。	
	3. 联系学生的生活实际,运用所学所得。	
	4. 达到预期的教学效果。	
"润"之心中	1. 积累与背诵。	
	2. 习得方法的运用。	
	3. 情感的熏陶与滋养。	
"润"之写中	1. 用词准确,无错别字。	
	2. 语句通顺,表达意思完整。	
	3. 能把表达的内容写完整,写清楚,有一定的体会。	

二、构建"润滋课程",丰富语文拓展课程

"润滋语文"课程旨在通过学科课程矩阵来确定课程与学校育人目标之间的相互呼应,分析课程对育人目标的达成支持度,优化课程体系,通过聚焦目标、构建链条、组合搭配、整合优化四个步骤,构建学科课程群。

(一)"润滋语文"课程群的建设路径

根据语文学科师资力量,倡导教师在国家课程校本化实施的基础上总结经验,

以语文学科为原点,设计语文学科特色"1＋X"课程群。"1"是国家基础性课程,"X"是根据国家课程开展的拓展性课程,是基础性课程的延伸。润滋语文课程群,"润滋",是用经典浸润人生,也是语文教学的灵魂。走进"润滋语文",走进"润滋课堂",究清语文的内涵本质。我们的"润滋语文"不仅要把这种滋养渗透到教学的课堂上,还要把它滋润进学生的心田,把润滋的语文融进学生的世界中。

(二)"润滋语文"课程群评价要求

　　课程群建设通过建立评估体系来保障其有效实施,"润滋语文"课程应具有以下几项标准:

　　1. 课程哲学内涵丰盈。学科课程哲学指向清晰,与学校教育哲学保持一致,体现学校的办学理念,并具有其学科特色,内涵丰盈,指向清晰。

　　2. 课程目标指向清晰。学科课程群目标指向应依据学科课程标准及学校育人目标,基于学校实际来确定,同时应将目标定位高于学科课程标准。

　　3. 课程内容丰富多维。学科课程群除规定的国家课程之外,拓展类课程应丰富多彩,以学生需求为主,为学生的全面发展搭建平台。

　　4. 课程实施科学高效。课程实施方法得当,措施有力,充分体现学生的主体地位,有利于学生兴趣的激发。教师教学效率高,教学效果好。

　　5. 课程评价多元全面。课程评价做到多元、全面。结合过程性评价和终结性评价,发挥评价的诊断和激励功能,对学生学习情况进行整体评价。滨江学校语文"润滋语文"课程评价细则见表4-4。

表4-4 "润滋语文"课程评价细则

A级指标	B级指标	评 估 标 准	评 估 方 式	权重	得分
课程哲学	课程哲学	课程哲学与学校教育哲学相一致。	查看课程方案	10%	
	课程理念	课程理念彰显学科课程特色,特色鲜明。		10%	
课程目标	课程总目标	总目标指向清晰,高于学科课程标准,与核心素养向对应。	查看课程方案	10%	

续 表

A级指标	B级指标	评 估 标 准	评 估 方 式	权重	得分
课程目标	分年级目标	年级目标与学生年龄特点相符合,设定科学、可行,具有层次性。	查看语文课程方案、语文学科课程纲要	10%	
课程内容	整体设置	课程内容丰富,整体设置具有逻辑性,有梯度,有难度。与课程目标相一致,暗含课程目标,内容与学生生活实际相结合。	查看语文学科课程纲要	10%	
	教材资源	教材准备充分,适合学生学习,资源丰盈,形式多样。	查看语文学科教材	5%	
课程实施	课时安排	课时安排合理,有一定的科学性。	查看语文学科课程纲要	5%	
	课堂教学	课程实施方法得当,措施有力,充分体现学生的主体地位,有利于学生兴趣的激发。组织有序,指导学生运用探究、合作等方法。	入班观课"行知课堂"评价表评价	20%	
	教学效果	学生知识技能明显提高,学生喜爱程度高。		10%	
课程评价		评价内容具体,措施方法得当,权重明确。	入班观课查看学科课程纲要及学生学业评价档案	10%	

三、举办"润滋节日",确证语文精神仪式

节日具有丰富的文化内涵。文化内涵通过课程系统的传递,便能可感可触,生动且形象了。结合语文课程目标,"润滋节日"引导学生关注传统文化特点,增强了学生语文生活的仪式感,拓展了"润滋语文"的外延,丰富了"润滋语文"的内涵。

(一)"润滋节日"的实践与操作

每个节日,都是一个美妙的故事,是一份特别的情趣,是一种浓厚的氛围。孩

子对节日的期盼和传统习俗带来的仪式感,从一定意义上渲染且提升了人类美好生活的精神境界。

"润滋节日"是传递爱意的节日。好的教学既是对学生诚挚的款待,又处处洋溢着美好的童真童趣,同样也是学生个体与他人传递爱的过程。让学生度过"润滋节日",增强了语文学习的凝聚力,提升了整体文化氛围,润泽了学生的素养。

"润滋节日"是充满创意的节日。它从节日的独特设计视角出发给学生以启发,用别开生面的节日度过方式给童年留下美好的记忆。"润滋节日"是充盈情趣的节日。它为学生营造了具有特殊教育功能的情趣氛围。这氛围是一种具有超级魅力的文化气场,它滋养着学生内心,促进学生发展。

我们每年创设"润滋节日",积极营造浓厚的语文学习氛围,以不同的主题掀起学生对"润滋语文"的热情。滨江学校"润滋节日"安排见表4-5。

表4-5 "润滋节日"安排表

年级	课程	实　施	年级	课程	实　施
一上	拼音节	1. 了解拼音之父 2. 发现生活中的拼音	六上	小说节	1. 最棒小说推介会 2. 我是小说家
一下	汉字节	1. 我是识字大王 2. 书法大赛	六下	戏剧节	1. 我最爱看的戏剧推介 2. 戏剧大舞台
二上	绘本节	1. 绘本故事会 2. 我来创绘本	七上	鲁迅节	1. 杂文创作评选 2. 读鲁迅有感
二下	童话节	童话精灵讲故事	七下	读书节	1. 读书交流会 2. 整本书思维导图
三上	成语节	1. 成语接龙大赛 2. 看图、表演猜成语	八上	月报节	把平常积累的文章发表成月报,制作刊发
三下	寓言节	讲寓言增智慧	八下	漂书节	1. 同学之间进行漂书活动 2. 组织研讨阅读感受
四上	诗歌节	1. 诗歌我来唱 2. 诗歌我来创	九上	挥毫节	用各种工具、字体书写经典古文、诗词、诗歌、散文
四下	古诗节	诗词大会	九下	赠礼节	将书信、名言警句、书画、作品集等赠送给自己的同伴同学
五上	书信节	1. 见字如面 2. 我给亲人写封信			
五下	对联节	1. 评选最美对联 2. 对联大王评选			

(二)"润滋节日"的评价

构建合理的评价体系是保障节日课程活动有序进行的必要手段,"润滋节日"课程活动要规范化、科学化,才能真正激发学生的兴趣。学校对节日课程活动的评价应遵循发展性、适宜性、类别性的原则,采用观摩谈话、案例分析等方法及时进行。滨江学校"润滋语文节日"评价细目见表4-6。

表4-6　"润滋节日"评价表

项目	评　价　标　准	等级 (优良中下)	亮点	建议
主题	鲜明、新颖、有明确的指向性。			
	时代感强,体现学校对学生形象的要求。			
内容	活动内容新颖,符合学生的年龄特征。			
	活动环节典型,有说服力和感染力。			
	结合实际,贴近学生生活和社会现实。			
形式	寓教于乐,有利于学生个性特长的展示。			
	层次分明,结构完整紧凑。			
	丰富多样,学生喜闻乐见。			
	环境营造得体,较好地烘托节日主题。			
过程	学生热情参与,主体作用发挥好。			
	循序渐进,激发学生爱祖国、爱生活、爱他人的热情。反映了学生的认识特点和情感发生规律。			
	教师引领学生有方,指导有度。			
效果	学生积极体验,深刻感悟,激起情感共鸣。			
	学生精神振奋,思想境界得到提升。			

四、开展"润滋赛事",润泽学生语文素养

开展"润滋赛事"课程,每年一度的各种赛事评比,发展学生的个性特长,展示

学生的风采,润滋学生的兴趣。

(一)"润滋赛事"课程内容及实施

　　1. 经典诵读比赛。每年4月组织全校范围内的吟诵经典比赛,以班级为单位,所有班级参加,每班作品5—8分钟。

　　2. 汉字书写比赛。每年4月组织全校范围内的汉字听写比赛。一、二年级为五言古诗,用铅笔书写;三、四年级为七言古诗,用钢笔书写;五、六年级为经典美文,用钢笔书写;七、八、九年级为格言警句,用毛笔书写。

　　3. 少年演说家比赛。六一前夕,举行相关主题的少年演说家演讲比赛。比赛先在各班组织推荐的基础上,然后分年段参加学校层面的比赛。

　　4. 经典片段展演比赛。把平时阅读的经典片段排练成话剧、课本剧、音乐剧等多种形式的片段进行班级展演活动。

(二)"润滋赛事"课程内容评价

　　"润滋赛事"以各种比赛为课程内容,需要具备详细的比赛规则,对每门赛事课程的评价,我校是从如下方面展开的:

　　1. 比赛体现"以学生为主"的理念。教师在活动中,要注意角色的转换,要从过去的主导、主角的地位向孩子学习的伙伴、朋友、知己的角色转换。

　　2. 比赛具有"公平公正"的规则。每项赛事,都要建立完备的赛事方案,尤其对比赛规则的制定,要有严密的评分系统,避免出现比赛不公正,影响学生比赛成绩的现象。

　　3. 比赛的效果乐于接受。比赛不能为了成绩而进行,而是要将比赛的内容融入到日常的教学行为中,使学生的技能不断得到提高,不能搞突击训练,影响正常教学秩序,使学生产生负面情绪。

　　4. 比赛全面关注学生。比赛的结果应全面关注学生,对不同层次的学生据需要设定不同层次的标准,以激励原则为主。

　　"润滋赛事"具体评价见表4-7。

表 4-7　"润滋赛事"评价表

	评　价　内　容	评价分值
活动主题	1. 主题鲜明、提升能力、寓意深刻。 2. 主题具有针对性、科学性、操作性、教育性。 3. 根据各类赛事的内涵和教育意义确定主题。	
活动目标	1. 目标明确，有明确的导向和教育性，达到提升学生语文核心素养的目标。 2. 学生有认识，有感悟，个人语文能力得到增强，能促进学生身心健康发展。	
活动内容	1. 贴近语文核心素养，贴近学生实际生活，贴近学生身心发展规律。 2. 紧扣主题，准确定位，分出层次，突出重点。	
活动实施	1. 活动设计合理、操作性强，按照"以人为本"的原则选择活动，体现学生综合能力。 2. 面向全体学生，关注学生的个性和差异，注重培养学生的实践能力，教育作用明显。 3. 活动设计兼具传统与现代特征，同时突出课程的实践性、操作性、综合性、创造性和趣味性。	
活动方式	1. 注重引导学生在操作实践中感悟和体验。 2. 重视活动的实践性与人文性，引导学生提高语文核心素养能力。 3. 能在比赛中创设生动、活泼、有效的比赛活动氛围。	
活动效果	1. 润滋赛事活动的内容和形式越来越丰富。 2. 孩子们在活动中收获、成长，提升了综合素质。 3. 总结全面，宣传到位。	

五、开展"润滋活动"，滋润学生品格心灵

　　"润滋活动"课程以学生的直接经验为主，通过学生的亲自实践，主动发现和获取有关的知识，并使技能、能力、情感、意志等得到训练和培养。主要价值在于让学生活动，获得对现实世界的直接经验和真实体验。与学科课程可以相互补充，相得益彰。

(一)"润滋活动"课程内容

　　1. 一年级"开笔礼"活动。为了让一年级新生也能领略到校园文化的魅力，我

校将举行一年级新生"开笔礼"仪式,通过庄严的仪式让刚刚入学的一年级新生深切感受到入学是人生中的一件大事,以此激励同学们珍惜读书机会、发奋学习;同时又通过这种特别的方式弘扬我国优良的传统文化。

2. 十岁成长礼活动。开展"萍水相逢　聚爱起航"十岁成长礼活动,旨在让学生感受传统文化,体会自身的成长,谨记父母的养育之恩、教师的教诲之恩、同学的帮助之恩;感受身边人的温暖和快乐,懂得现在的幸福生活来之不易,成为一名感恩、向善的少年。

3. 小学、初中毕业典礼。人生最难忘的就是小学和初中学习生活了,学校通过隆重而有意义的毕业典礼来展示和告别校园学习生活,表达对母校的老师和同学的感谢之情。通过毕业典礼,对学生进行一次爱的教育,激励学生脚踏实地,朝着自己的理想奋进!

(二)"润滋活动"课程评价

"润滋活动"评价运用发展性评价方式,就是依据每项活动方案中的目标,按照一定标准和运用一定方法,对教学过程和教学结果的价值判断。要求注重过程、尊重多元、注意反思,其具体体现在关注学生获得结果和体验的过程,尊重个性自我的表达方式,反思自己的实践活动,自我改进。"润滋活动"课程评价见表4-8。

表4-8 "润滋活动"课程评价表

评价项目	评价要点	分值	评 价 标 准	得分
活动目标和内容	目标明确	5	符合学校育人目标,与学校课程目标相对应。	
	切合实际	5	贴近生活,贴近学生,丰富学生的直接经验。	
	内容丰盈	5	引入多种信息,运用多种知识。	
	内容实用	5	容量适当,难易得当。	
活动方式方法	组织形式	5	组织形式符合学生的成长规律。	
	活动方法	5	方法得当,多法结合,以活动为主。	
	指导方法	5	指导适量,方法得当。	

续　表

评价项目	评价要点	分值	评　价　标　准	得分
活动过程	活动要素	18	活动方案详实,活动组织得力,具有安全性。	
	活动步骤	12	活动步骤详实,具有逻辑性,过程紧凑,张弛有度。	
活动效果	学生自主性	10	活动充分体现学生的自主性,学生参与整个活动的方案筹备、活动过程和活动评价各个环节。	
	学生能动性	15	学生参与面广,活动参与过程积极。	
	学生创造性	10	活动方法多样,有相应的活动成果。	

　　总而言之,在"润滋语文"的旗帜下,我们把滋养少年儿童、润泽心灵融入到语文教学,让童声、童趣、童心在教师的唤醒、激励和鼓舞中真实体现,力求形成润滋行为、滋养品格、高效滋润、自主创新的教学特色,确立"找准聚焦点,明确结合点,把握着力点,落实行动点"的价值追求策略。"润滋语文"课程群的开发与建设真正实现了在日常的教学过程中用优秀的中国传统文化、现代化的教育思想,不断润泽生命,滋养性情。

（执笔人：熊红敏、张冬萍、汪丽）

第五章

语文是感性
理性的合体

人的天性是和谐统一的,感性与理性同等重要。完整的语文教育是感性和理性的统一体,温柔的同时又充满力量。它不仅包括知识、智慧等认知因素,还包括情感、意志等因素。用感性去拥抱生活,用理性去思考生活。语文的"言"与"意"便是感性与理性的合体。"合美语文"依托文本的"言",把握"意"的指向;结合内容的"意",领悟"言"的传神,引导学生往来于"言"与"意"的双向通道中,领略语文之美。

➡ 合美语文，言意共生

育新学校教育集团青桥校区语文组，现有教师 23 名，其中省级学科带头人 1 名、省级骨干教师 3 名、市级学科带头人 2 名、市级骨干教师 3 名、区学科带头人 1 人、区级骨干教师 4 名。秉承"合语文之美，达修身之境"的合美语文课程理念，学校以教研组为单位进行教学研究，开展听课、评课、议课、做课、磨课活动，定期组织阅读展示活动、教师基本功培训等，充分发挥团队合作、师徒结对的力量，积极组织教师参与各级各类教育教学活动。语文组老师在丰富多样的业务培训和成长平台中，基本形成一定教学风格，丰富而扎实的课堂让学生受益无穷。

第一节　合语文之美，达修身之境

语言让我们认识世界。语文的生命表征是促进学生的精神成长，这犹如高山之雪，既美之于形，也润之于物。对语文学科课程哲学的认识体现了我校语文教学人对语文价值的认同。

一、学科价值观

语文时时处处都是美。漫步语文世界，就是一个琳琅满目的美的世界，这里有语文历史的厚重美，语文书写的姿态美，语言文字的凝练美，语文想象的浪漫美，语文思维的哲理美，语言表达的婉约美，语文情感的细腻美。一言以概之，语文美在"言"之形，在"意"之情。

《义务教育语文课程标准(2011 年版)》指出："语文课程是学生学习运用祖国文字的课程。"同时，它还指出："应该重视语文课程对学生思想情感所起的熏陶感染作用，注意课程内容的价值取向，要继承和发扬中华优秀文化传统和革命传统，同时也要尊重学生在语文学习过程中的独特体验。"其中，"运用"不仅指学生听说读写的语言实践,还指精心领悟文本中的语言运用。而"对情感的熏陶感染和尊重独特体验"不仅指的是学生阅读时对文字的浅显认读或理解,而还应该是学生通过文字,感受到的作者情感表达和价值取向。这是语文的"言""意"关系,语文之美便在这"言""意"之中。① 依托文本的"言",把握"意"的指向;结合内容的"意",领悟"言"的传神。引导学生往来于"言"与"意"的双向通道中,领略语文之美。以语文之美为契,达合为修身之境,将语文之美融合、内化,成为修身的明镜、法宝,缔造自己的唯美世界,成为有智慧、有理性、有意志、有品格、有美感、有直觉等的生命个体。

二、学科课程理念

李维鼎先生曾说过:"语文学习是据言得意(吸纳)、由言表意(倾吐)的转换、融合的过程。"早在千年前的春秋时期,庄子就曾言出了"言"与"意"的重要性。② 在言意关系的展开上,他主要强调的不是对外在对象的认知和把握,而是对主体内在生命的理解和体悟。语文之美,便是不能停留在表面的辞藻、意境之美,还应该是情感、方法之美。基于此,立足语文教育特点和语文教育对人的影响力,依据《义务教育语文课程标准(2011年版)》文件精神,并结合我校语文学科的实际情况,我们提出以"合美语文"为核心的语文学科课程理念。

"合美语文","美"即"文本形式的言之美"。"言"既是文本中的外在言语形式,外在结构特点,又是一种由语言结构统整的零件组合,资料构件的整合。这是一种语言的骨架美,是显性的"语文之美"。

"合美语文","美"即"文本内容的意之美"。"意之美"是借助文本中的字、词、句、段、篇将更深层次的涵、情、法像溪水一样缓缓复现,以形象吸引人,以思维启示人,以感情感动人的隐性之美。

"合美语文","合"即"合言意,达修身"。"合美语文",是深化的语文,是处在高处一览众山小的语文,它以语文之美为契,达合为修身之境。

——合美语文以"语言"为先。从语言的音、形、义和用词造句、言语风格出

① 姜树华."言意共生":语文教学的本质[J].语文世界:教师之窗,2012(08).
② 魏长宝.对生命存在的终极关怀——析庄子的言意论[J].长白学刊,1994(01).

发，细品慢悟，咀嚼语言韵、律、味，体悟语言的韵律之美、形体之美和意蕴之美。

——合美语文以"语意"为基。关注"语言文字"的"文质"和"情采"。掂量轻重，触摸刚柔，体味质地、情味、分寸和美感，直抵情趣、意趣和理趣。

——合美语文以"融合"为要。用语文的瑰丽之美，绘制学生的生命蓝图，让每一位学生都能够幸福地成长，成为一位具有良好语文素养的"最美中国人"。

"合美语文"的"言意共生"是语文教学的理想境界。所有的言语都浸透着情感，都能轻叩心灵的门户，直抵人类灵魂深处，犹如一块闪亮的"能量源"，让我们感知着世界万物。所有的意都依托着言语而存在，有时它像沉静的大海般宽阔，有时它像炽热的火焰般热情，有时它像无垠的草原般生机勃勃……这种"不可视存在"引导着我们走向精神的天堂。而它们都会给学生带来多种感官感受，学生所有的身心也都会一直沉浸在这种自我创造和修复的激情和成功的欲望之河中，使得精神气质、意志性格、智力才能都得到充分的展现、发挥、发展，乃至于再创。尤其是当学生站在读者的角度，进入作者的视野，其所见之处皆是从作者独特的视角看世界，再从作者千变万化的语言和情感的组合方式、构建方式和技巧中，找到突破以往久居于心的心理定式和思维常规的出口，重新定位精神世界活动的基点，重新建构思维模式和心理结构。而这一切也正如伽达默尔所说："旧的东西和新的东西在这里总是不断地结合成某种更富于生气的有效的东西。"

"合美语文"的"言意互转"是语文教学本质境界。引导学生"据言识意→据意识育→以言表意"，带着学生在文本的"言"和"意"之间来回穿梭。"言意互转"是语文教学的出发点和归宿。准确地实现言意互转，使文本的"言"与"意"完美地融合在一起，实现语文教育的真正价值。

"合美语文"的"言意新生"是语文的美好境界。"新生"强调学生的独特感受，实现言意的重组与再创。语文教学是教师、学生、作者、编者、文本之间的不断交叉开放的对话，在"言""意"中展开，在"言""意"中回归，学生作为这一过程的主体，将领悟语言的奥秘，建构完美的思想，完善语文的素养，成就自我品格的成长。

第二节　以美为镜，正人生之风

《义务教育语文课程标准(2011年版)》指出："语文课程致力于培养学生的语言文字运用能力，提升学生的综合素养，为学好其他课程打下基础；为学生形成正确的世界观、人生观、价值观，形成良好个性和健全人格打下基础；为学生的全面发展和终身发展打下基础。语文课程对继承和弘扬中华民族优秀文化传统和革命传统，增强民族文化认同感，增强民族凝聚力和创造力，具有不可替代的优势。"基于对语文课程的认识，我校"合美语文"课程体系以语文之美为契，达合为修身之境，分别从"识字写字、阅读、写作、口语交际、综合性学习"五方面入手，结合实际情况制定以下目标。

一、学科课程总目标

根据课程标准的要求，学校语文学科课程的总体目标是：热爱祖国的语言文字，学会汉语拼音，正确识写3 500个汉字。有浓厚的阅读兴趣，能进行有选择性、目的性的阅读能力，能结合生活环境运用多种阅读方式研读文本。阅读中有独特的感受、体验和理解。能在阅读环节中，拓宽思维空间，提高阅读质量，养成终身阅读的习惯。道德情操获得健康发育，生命获得升华与超越，达到"言意互转"的境界。学习观察、思考、表达和创造的方法，在实践中学习和运用语文，流畅地用书面语言进行表达。能够在真实的情境中倾听、表达与交流，文明地进行人际沟通和社会交往。借助新技术和多种媒体开展跨学科、跨领域学习。

(一) 语文显性课程目标

1. 识字与写字。在一定的游戏与激趣里让学生与汉字交朋友，爱上祖国汉字，乐于识字写字，以认识更多的汉字，会写更多更美的汉字为乐趣和追求，并且做到以最正确的姿势与汉字相遇。在汉字王国里，认识常用汉字3 000个左右，其中2 500个左右会写。

2. 阅读。课内,通过平等交流,学习阅读方法,形成阅读能力;课外,运用阅读方法,培养独立阅读能力。在日积月累中,使其拥有较为丰富的积累、良好的阅读能力、优秀的语感表达;在情感体验中,发展其感受和理解能力,使其拥有丰富的情感体验,提升自我的阅读素养;在鉴赏文化中,丰富其精神世界,掌握初步的鉴赏文学作品能力;能背诵优秀诗文 160 篇(段),课外阅读总量不少于 145 万字。

3. 写作。激发写作的欲望,乐于拿起笔来说话,乐于发表习作,实现"大众的言说"。参与师生交流、生生交流,领悟写作的观察想象思考、条理详略主旨等技巧方法。有意识地丰富见识,珍视个人的独特感受和想法。积累习作素材,能写内容具体、表达真情实感的文章。

4. 口语交际。学会有礼地倾听、表达与交流,初步学会运用口头语言,文明、有礼貌地进行日常的人际沟通与交流。能较为完整地讲述小故事,能简要讲述自己感性的见闻,力求重点突出,详略得当,并说出自己的想法。参与讨论,敢于表达,乐于交流,表达时逻辑清晰,语言丰富生动。

5. 综合性学习。学会观察周边事物,培养其丰富的好奇心、探索欲,以及对未知事物提出问题的能力,能通过课内外的丰富的阅读经验和与同学老师有效的沟通交流讨论中,用口头或者书面的形式记录自己的所见所闻。能有效解决问题,针对提出的问题,能够制定探讨计划,并有目的地搜集资料,在与同学的探索活动中做到有序、有组织、有计划,利用各种渠道获取信息,写出简单的研究报告。

(二) 语文隐性课程目标

1. 良好的审美追求。在多姿多彩、丰富多样的课程中,感受到汉字的外形美、音韵美、意韵美,语言的韵律美、节奏美、情感美;在与其他学科如音乐、美术、民俗等学科结合中,感悟祖国的文化美。在这份美的感染中,培养文学追求、文学审美,达到每个人都是一个独立的"品美"人,最终形成良好的审美追求,塑造美丽的人生。

2. 立体的思维习惯。在各类"课本剧"、"创意栏"、"文学社"等课程中,在各类改编成课本剧的台本中,在学生丰富的创意里,在学生书写自己思想光芒的文字里,培养立体思维习惯,促进思维品质的提高。将科学精神和人文精神结合起来,增强民族自豪感和爱国情怀,提高文化品位,用逻辑美塑造人生美。

二、学科课程年级目标

根据课程标准的要求,结合我校语文学科课程总目标和 1—6 年级的学情,我们将语文课程年级目标设置如表 5-1 所示。

表 5-1　"合美语文"年级课程目标

类别 / 目标 / 年级	识字写字	阅读	写作	口语交际	综合实践
一年级	学会汉语拼音,借助汉语拼音认识常用汉字 700 个,正确书写 300 个。	阅读 3 万字以上的儿童作品,展开想象,获得情感体验,感受并积累优美的语言。	对写话有兴趣,留心周围事物,写自己想说的话,写想象中的事物。	认真听别人讲话,能讲述小故事和自己感兴趣的见闻。	对周围事物有好奇心,能就感兴趣的内容提出问题,结合课内外阅读共同讨论。
二年级	熟记《汉语拼音字母表》,借助字典认识常用汉字 1 500 个左右,正确书写 762 个。养成良好的书写习惯。	课外阅读不少于 3 万字,掌握默读的方法,积累和背诵自己喜欢的成语、格言警句和优秀诗文。	会利用逗号、句号和自己积累的词语写自己想说的话,并用普通话复述,态度大方有礼貌。	能自信地表达,结合语文学习,观察大自然,用口头或图文等方式表达自己的观察所得。	热心参加校园、社区活动。结合活动,用口头或图文等方式表达自己的见闻和想法。
三年级	利用字典、词典等工具累计认识常用汉字 2 000 个,会写 1 237 个,写字规范、端正、整洁,姿势正确。	体会课文中关键词句表情达意的作用。初步把握文章的主要内容,积累背诵 30 篇优秀诗文,课外阅读量不少于 30 万字。	不拘形式地清楚写下自己的见闻、感受和想象,能用简短的书信、便条进行交流。	能用普通话交谈,学会认真倾听,并提出学习和生活中的问题,有目的地搜集资料,共同讨论。	能在老师指导下组织有趣味的语文活动,在活动中学习语文,学会合作。

类别\目标\年级	识字写字	阅　读	写　作	口语交际	综合实践
四年级	有主动识字的习惯，累计认识常用汉字2 500个，会写1 600个字。能使用硬笔熟练地书写正楷字，做到规范、端正、整洁。	能复述大意，初步感受作品形象和语言，在诵读优秀诗文过程中领悟诗文大意，积累背诵30篇优秀诗文，课外阅读量不少于30万字。	尝试在习作中运用，学习修改习作中有明显错误的词句，根据表达的需要，正确使用冒号、引号等标点符号。	听人说话能把握主要内容，并能简要转述。能清楚明白地讲见闻，说出自己的感受和想法，讲述故事力求具体生动。	用书面或口头语言表达自己的观察所得。在家庭生活、学校生活中，尝试运用语文知识和能力解决简单问题。
五年级	累计认识常用汉字2 750个，会写223个字，有良好的书写习惯，硬笔书写楷书，力求美观。	默读一般读物每分钟不少于300字。初步领悟文章的基本表达方法，诵读优秀诗文，体味作品的内容和情感。背诵优秀诗文30篇。课外阅读总量不少于50万字。	养成观察的习惯，积累习作素材，进行创作。能写简单的记实作文和想象作文，并分段表述。学写读书笔记，学写常见应用文。	听人说话认真、耐心，能抓住要点简要转述，并乐于参与讨论，敢于发表自己的意见。	初步了解查找资料、运用资料的基本方法，学习辨别身边的是非、善恶、美丑。
六年级	累计认识常用汉字3 000个左右，会写2 500个字，硬笔书写楷书，力求美观，并有一定的速度。能用毛笔书写楷书，体会汉字的优美。	阅读文学作品，了解事件梗概和基本说明方法，体会作品的情感，抓住要点，并找出有价值的信息。背诵优秀诗文30篇。课外阅读总量不少于50万字。	善于自我表达和与人交流。习作有一定的速度，做到语句通顺，行款正确，书写规范。根据表达需要，正确使用常用的标点符号。	表达有条理，语气、语调适当。能根据对象和场合，稍作准备，作简单的发言。语言美，抵制不文明的语言。	尝试写简单的研究报告。策划简单的校园活动和社会活动，对所策划的主题进行讨论和分析，学写活动计划和活动总结。

　　语文的世界是丰富的，是多彩的，是梦幻的，因为其蕴藏着作者观察世界的独特视界，蕴藏着作者感受世界的独特方式，蕴藏着作者处理言意结构的独特方法。

而我们认为,在一个个言意关系构建中,避免浮光掠影、隔靴搔痒,教给学生语言的"真经",才是最好的。于是,我们以学科课程目标为准,立足学校校情、学情,从语文本真的"美"出发,紧抓"言""意",让学生穿梭于我们所构建的新体系中,由点及面,从细微处扩散,达到合而为一、修身正君的目的,而这就是我们所追求的"以美为镜,正人生之风"。

第三节　绘制合美修身的蓝图

　　基于"合美语文"的语文学科课程理念和课程目标,我校课程设置主要分为基础性课程、拓展性课程。基础性课程旨在培养学生终身发展和适应未来所需的共同基础,是共性教育。拓展性课程主要培养学生的个性化学习需求,发掘学生的学习潜能,促进特色的形成。

一、学科课程结构

　　合美语文课程群纵向扩展延伸,从经典诵读、识字与写字、阅读品味、口语交际、写作表达、综合性学习六大领域来设置课程。以挖掘传统文化的课程资源,丰厚学生文化底蕴,强化核心素养教育的民族特征为本,科学设置"合美语文"课程群,详见图5-1。

(一) 合美经典诵读

　　在"经典"中,重现经典,在"经典"中,再创经典。依托古今中外数千年的文化经典著作,在课堂、在课外开展经典诵读,让古老的智慧、古老的文明、古老的诗文走进课堂,走进学生的生活,走进

图5-1　"合美语文"框架图

学生的心灵,益心智、怡性情、变气质、养人生。

(二) 合美识写汉字

《义务教育语文课程标准(2011年版)》指出：识字与写字是第一学段的教学重点,也是贯穿整个义务教育阶段的重要教学内容。以"兴趣"为导,基于"兴趣",源于"古老汉字文化",引导学生正确地运用汉字、规范书写汉字,体会汉字博大精深的同时,热爱上祖国的语言文字。

(三) 合美阅读品味

整合语言文字、审美鉴赏、文化理解为一体,以年段特点为准,融合浓郁的民族特征和新鲜的现代感,让语言、思维、审美、文化这些核心层次走进课堂,让阅读品味螺旋上升。在语文课程群的学习中,紧扣文字,强化语言与思维的协同发展,培养学生的语言运用能力,提升学生的综合素养。

(四) 合美口语交际

以语文课本为依托,结合生活,创设情境,营造多元、多维、多方的语言环境,给予学生丰富的口语实践体验。在主题的选择上,以贴近学生的生活体验、学习体验、阅读体验为主,培养学生运用语言文字的能力,实现能表达、善表达,在口语实践活动中,锻炼学生倾听、表达、转述、交流的能力,让学生学会和世界、社会打交道的方式,成就沟通的成功。

(五) 合美写作表达

依据小学阶段不同的年段特点,以学生的"乐于表达"为宗旨,引导学生留心观察,热爱生活,亲近自然,关注社会。鼓励具有真情实感、有创意的表达,指导学生在写作中做到"言意"结合,让文字在学生的笔尖流淌,让情感在文字的一笔一划中浸润他们的童年。

(六) 合美综合学习

搭建课内课外的桥梁,激发学生的思维,鼓励动手、动脑、动口,拓宽他们的学习思路。紧密结合书本学习与综合实践,培养学生的组织能力、协作能力、实施能力。以多种形式的"综合实践活动"为载体,促进学生良好个性品质的构建。

二、学科课程设置

育新学校教育集团青桥学校"合美语文"学科课程设置如表5-2所示。

表5-2 "合美语文"学科课程群设置表

内容 类别 年级		经典诵读	识字与写字	阅读品味	口语交际	写作表达	综合性学习
一年级	上学期	《汉字儿歌》(节选)	一课一儿歌 一字一谜语	最美文字	我是"汉字讲解员"	连词成句	生活中的汉字
	下学期	《笠翁对韵》、《楹联》(节选)	汉字剪辑画	古之韵律	你说我对	以句表心	"对子"的故事
二年级	上学期	《颜氏家训》	连字成词	趣味绘本	绘本推荐会	创编绘本	绘本中的生活故事
	下学期	《唐诗三百首》(节选)、《乐府诗集》(节选)	活用字典	文雅诗词	配乐诗朗诵	身边的你	诗歌中的"童趣"
三年级	上学期	《安徒生童话》、《格林童话》	与汉字交朋友	美好童话	童话故事分享	生活的眼睛	舞台剧
	下学期	《伊索寓言》、《中国寓言故事》	猜字谜	哲理寓言	寓言故事分享	小事中的大道理	发"朋友圈"
四年级	上学期	《小古文一百篇》(节选)	墨香书法	韵味文言	配乐诵读	扩编小古文	古今对照
	下学期	《古希腊神话》、《中国神话大全》	有趣的形近字	传奇神话	"我型我秀"讲故事	观察日记	绘制神话人物图像

续　表

内容　类别　年级		经典诵读	识字与写字	阅读品味	口语交际	写作表达	综合性学习
五年级	上学期	《经典相声大集合》	汉字起源说	民间艺术	课本我来演	读后感	汉字的故事
	下学期	《世说新语》（白话版）	初识字理学	名士言行	人物推介会	创编相声桥段	制作人物名片
六年级	上学期	《西游记》、《古代志怪故事》	汉字故事	玄幻小说	主题阅读分享	人物传记	书中的插图
	下学期	《狼王梦》	汉字书写大赛	动物之爱	趣配音	我与动物的故事	记忆的痕迹

第四节　编织合美修身的彩虹桥

　　"合美语文"课程依据学科课程理念、课程目标、课程设置，结合学校现状、师生特点，设计了五个方面的课程实施与评价。构建"合美课堂"，举办"合美语文节"，打造"合美社团"，实施"合美诵读经典"课程，开展"合美实践"活动。依据学情，由浅入深，分年级、分学期实施。

一、构建"合美课堂"，扎实语文基础

　　"合美语文"的课堂，让学生从理解文本的语言入手，领会文章的思想内容与感情，达到"言"促"意"，"意"绘"言"。同时，积累言语范式，以便迁移运用；积累言语素材，形成运用组块。

(一)"合美课堂"的实践与操作

　　1."合美课堂"目标多元。课堂目标是教与学的核心与灵魂，是课堂中师生学习活动的方向标。课堂目标一旦确定，整个学习活动就要遵循它的轨道。多元的

目标丰富而不杂乱,开放而不宽松,自主又有合作,充分体现了"合美课堂"的理念。

2."合美课堂"内容丰富。语文学科可利用资源无论古今、中外还是书本、现实,俯拾皆是。"合美课堂"把知识拓展、日常生活等各方面的资料引进课堂,丰富课堂内容,创新课堂形式。

3."合美课堂"过程灵动。在教学资源上,教师认真钻研、理解、把握教材内容,科学施教;打通课内与课外资源的通道,合理开发利用。在教学方式上,灵活运用多种教学策略和现代教育技术,探索网络环境下新的、合适的、科学的、有效的教学方式,精心设计和组织教学活动,提高语文课堂质量。在学习过程中,力求有丰富的情感,饱满的激情,审美的眼光,探求的精神和强烈的人文情怀。

4."合美课堂"方法多样。教师根据学生在课堂上学习表现和学习效果变化来调整教学方法,充分调动学生的主动性、积极性。"合美课堂"以灵活多变的教学设计和教学智慧滋养学生心灵,促进智慧成长。

在"合美课堂"中,我们倡导"言意共生"语文教学,让学生在语文的世界里,穿行于听、说、读、写中,察"言"会"意"、明"言"得"意"、赏"言"悟"意"、习"言"表"意"。

(二)"合美课堂"的评价

多元化的评价途径更符合学生的成长特点,有利于学生的主动发展,增强学生的自信心,调动学生的热情,让学生发现自己的进步。使教师更深入地理解"言意课堂"的理念,提升教师的专业素养,丰富教师的课堂经验,完善课堂的构成要素,实现师生相长。我们设计了"合美语文"课堂评价量表,以量化的方式对课堂进行评价,见表5-3。

表5-3 "合美语文"课堂评价量表

评 价 指 标	评 价 内 容	得 分
目标多元(25分)	1. 目标符合语文课程标准要求,符合语文生活实际。 2. 目标体现知识与技能、策略与方法的生成性,思维活动的激发与引导性,情感的生成与支持性,态度与价值观的形成性;三维目标和谐统一。 3. 以目标统领教学准备与教学实践。	

续　表

评价指标	评　价　内　容	得　分
内容丰富(25分)	1. 主线清晰，重难点突出；结构合理，循序渐进。 2. 能够根据内容分配时间，单位时间效率高。 3. 课堂立足语文学科素养，教学内容丰富。	
过程灵动(25分)	1. 突出学生的主体地位，引导学生大胆实践、积极交流，勇于展示个性化观点。 2. 通过变式拓展，鼓励不同层次的学生进行个性展示，发展求异思维，引导学生广泛参与课堂学习。	
方法多样(25分)	1. 能根据学习内容，帮助学生选择恰当的学习方式，并体现学习方式的灵活性、多样化。 2. 从关注"教"走向关注"学"，注重学法和策略指导。能适时有效地介入课堂，精讲点拨，变式拓展。鼓励不同层次的学生进行个性展示，发展求异思维。	

二、举办"合美语文节"，树立语文精神仪式

"百里不同风，千里不同俗"，中华民族的节日具有丰富的文化内涵和地方特色。而文化精神可以通过课程系统的传递，使文化可感、可触，形象生动地出现在学生的视野之中。借此，学校利用传统、国际、特色节日结合"合美语文"课程引导学生关注生活，增强生活仪式感，拓宽"合美语文"的外延，创新语文课程的实施方式，丰富"合美语文"的内涵。

(一)"合美语文节"的实施与操作

表5-4　"合美语文节"课程安排表

年　级	课　程	实　施
一年级上	汉字节	我是汉字讲解员
一年级下	古韵节	古之韵律——对对子
二年级上	绘本节	绘本推荐会
二年级下	诗歌节	诗歌中的"童趣"

续　表

年　级	课　程	实　施
三年级上	童话节	童话故事分享
三年级下	寓言节	课本剧
四年级上	小古文节	扩充小古文
四年级下	神话节	绘制神话人物
五年级上	民间艺术节	课本我来演
五年级下	民间艺术节	相声创编
六年级上	名著节	人物传记
六年级下	戏剧节	戏剧创编

（二）"合美语文节"的评价

表5-5　"合美语文节"评价量表

项　目	评　价　标　准	得分	亮点	建议
主题 （20分）	鲜明、新颖、有明确的指向性。			
	时代感强,体现学校毕业生形象的要求。			
内容 （20分）	活动内容新颖,符合学生的年龄特征。			
	活动环节典型,有说服力和感染力。			
	结合实际,贴近学生生活和社会现实。			
形式 （20分）	寓教于乐,有利于学生个性特长的展示。			
	层次分明,结构完整紧凑。			
	丰富多样,学生喜闻乐见。			
	环境营造得体,较好地烘托节日主题。			
过程 （20分）	学生热情参与,主体作用发挥好。			
	循序渐进,激发学生爱祖国、爱生活、爱他人的热情。符合学生的认识特点和情感发生规律。			
	教师引领学生有方,指导有度。			
效果 （20分）	学生积极体验,深刻感悟,激起情感共鸣。			
	学生精神振奋,思想境界得到提升。			

三、打造"合美社团"，享受语文学习的快乐

(一)"合美社团"的实施与操作

　　我校成立了"语言表演"、"汉字训练"、"趣味习作"、"小主持人"、"我爱书法"等众多优质语文学习社团，为孩子们提供多样化、个性化的自由展示空间，张扬个性，享受语文学习带来的快乐。

(二)"合美社团"的评价

表5-6　"合美社团"评价量表

评价指标	评价内容	得分
情感态度(25分)	1. 参与活动。 2. 提出活动的设想、建议。 3. 克服困难和挫折。	
合作交流(25分)	1. 帮助同学。 2. 倾听同学的意见。 3. 对班级和小组学习有贡献。	
实践能力(25分)	1. 会用多种方法搜集、处理信息。 2. 动脑、动口、动手参与。 3. 会与别人交往。 4. 学习方法多样。	
成果展示(25分)	1. 活动过程记录。 2. 演示、汇报。 3. 成果有创意。	

四、实施"合美经典诵读"课程，促进精神成长

(一)"合美经典诵读"课程实施

　　中国拥有数千年的文化，从古老的文明走向现代文明，其内蕴深厚，文化精深。而"经典"传颂的文化作品，是我们探寻文化之根、文化之美的重要载体，是建设社会主义先进文化的宝贵资源。结合我校实际，制定了"合美经典诵读"课程，实施方案如表5-7所示。

表 5-7 "合美经典诵读"课程表

实施年级	课 程	学 习 目 标	活 动 设 计
一上	诵读古诗、童谣	通过游戏化、故事化的诵读,了解道德修养修养与规范。	自己读一读 各种形式吟诵
一下	《弟子规》	通过吟诵《弟子规》,初步了解其中所蕴含的许多做人的道理,传承中华美德。	观看《弟子规》视频 自己读一读 各种形式吟诵
二上	遨游神话	通过引领学生遨游神话,感受神话的魅力,在学生心中播下神话的种子,让孩子们的世界散发语言发展的人文之光。	阅读各类童话故事 交流心得
二下	国学故事	了解孔子、孟子等圣贤人物美德故事,习得道德修养与规范。	看国学小故事视频 讲一讲国学小故事
三上	《三字经》	通过吟诵《三字经》,培养学生拥有良好的人生信念和积淀扎实的文化底蕴,传承中华传统文化。	自己吟诵 各种形式吟诵 找找故事 讲讲故事
三下	诵读《史记》等经史子集中的精美片段	激发学生阅读经史子集的兴趣,感受它们的魅力。	各种形式吟诵
四上	经典国学片段剧展演	通过经典片段展演,营造浓厚的阅读氛围,提升学生语文水平,培养学生良好的语文素养。	读一读国学经典 演一演经典片段
四下	走进诗歌散文	掌握多角度鉴赏古代诗歌的方法,理解诗意,领会诗情。	自己读一读 各种形式吟诵
五上	诵读经史子集、中外精美散文	使学生初步了解经史子集以及散文。	各种形式吟诵
五下	创作编写散文诗歌	学生在已有知识的基础下,试着自己创编简单的诗歌,培养学生的语言素养。	写一写自己的散文诗歌
六上	《论语》	初步了解《论语》和孔子,体会深邃的儒家思想,以启发学生的心智,触动学生的心灵。	议一议心目中的孔子 读一读《论语》篇章
六下	小小作家梦	明白如果想要实现自己的小小作家梦,那就必须好好学习,同时在写作中提高自己的书面表达能力。	读一读各种美文 写写自己的美文

(二)"合美经典诵读"课程评价。

表5-8　"合美经典诵读"课程评价量表

	A	B	C
阅读能力 (25分)	喜欢阅读,能自己读懂文字并理解文字表达的意思和情感。	喜欢阅读,在老师的引导下,能读懂文字并理解文字表达的意思和情感。	喜欢阅读,能读懂文字,对文字表达的意思还有一些模糊。
想象力 (25分)	能通过文字,发挥想象,想象丰富、合理。	在老师和同学的启发下发挥想象,但想象不是特别丰富。	很少能发挥自己的想象。
表达能力 (25分)	声音洪亮。富有感情,内容完整,喜欢表达。	声音洪亮。内容完整,喜欢表达。	声音和内容欠缺。
创作能力 (25分)	喜欢创作,内容丰富。	喜欢创作,但内容不够丰富。	喜欢创作,但内容欠缺。

五、开展"合美实践"活动,丰富语文生活

"合美实践"活动就是利用一切可以利用的条件为学生营造浓厚的文化氛围,让学生在多元的环境中通过各种渠道感受语文、学习语文。让孩子感到语文无处不在、无时不有,在充满真、善、美的环境中陶冶情操、健康成长。

(一)"合美实践"活动的实践与操作

陶行知先生的"生活即教育"启发我们：在儿童的生活中其语言的发展是源源不断的思维、认知、情感、词汇的潜移默化的形成。"合美实践"关注生活,形成语文意识。生活是儿童语言学习的源泉,只有将语文实践和生活结合起来,语文学习才有源头活水,才有施展才华之地。生活的语文处处是蓝本、是教材。在关注生活的基础上,语文无处不在。

"合美实践"感悟生活,激发语文思维。开启语文学习之旅,就是开启了语文思维之路,让学生从生活中发现语文、感悟语文、创造语文,这是实施"合美语文"的有效途径。只有在实实在在的实践中点燃灵感的火花才能体会语文的

魅力;只有在广博坚实的视野中形成思维的溪流才能展现语文的活力。在"合美实践"活动中,使学生睁开眼睛凝视万物,竖起耳朵倾听万籁,敞开心扉感悟万种风情。

生活处处有语文,语文处处又有生活的影子。"合美实践"回归生活,用生活的深度与广度演绎精彩语文。

(二)"合美实践"的评价

见表5-9。

表5-9 "合美实践"评价表

评价项目	评价要点	评价标准	效果 (优秀、良好、一般、较差)
目的内容20分	1. 目标明确	培养4种意识、4种能力,发展个性。	
	2. 内容实用	① 贴近生活,丰富学生的直接经验。 ② 贴近学生,丰富学生的间接经验。	
	3. 内容综合	① 引入多种信息。 ② 运用语文学科知识。	
	4. 深浅适当	① 分量适当。 ② 难易适当。	
方式方法15分	1. 组织形式	① 走出校园实践感悟。 ② 具体组织形式得当。	
	2. 学生活动方法	① 方法得当。 ② 多法结合。	
活动过程30分	1. 活动要素	① 具备基本出行要素。 ② 有机组合家校配合要素。	
	2. 活动步骤	① 活动准备。 ② 活动展开、研究、实践。 ③ 活动评价总结。	

续　表

评价项目	评价要点	评 价 标 准	效果 （优秀、良好、一般、较差）
活动 效果 35分	1. 学生自主性	学生在教师指导下自主的思考、设计操作和解决问题。	
	2. 学生创造性	① 思路设计新颖。 ② 方式方法多样。 ③ 有一定的活动成果。	

　　总之，"合美语文"是言与意的交融，诚如庐山白鹿洞对联有云："二李读书看白鹿，书中得几分，白鹿中得几分；三贤讲道对青山，道外无一事，青山外无一事。"——即言读书论道之中感悟言与意的融合，并其乐无穷。合美语文，就是一种基于语文学科"言意统一"这一基本特点而提出的，旨在依托文本的"言"，把握"意"的指向；结合内容的"意"，领悟"言"的传神。引导学生往来于"言"与"意"的双向通道中，领略语文风景之美①，达修身养性的美好境界。

（执笔人：陈玲、胡世薇、徐玉兰）

---

① 姜树华."言意共生"：语文教学的本质[J].语文世界：教师之窗,2012(08).

第六章

语文是人性
完善的感召

教育说到底是"人"的教育,语文教育说到底是培养"立言者"的教育。学语文不仅仅是应付生活,语文更是人的言语、精神生命的绽放,是人的自我确证、自我实现。"臻美语文"顺应了人的本性需要。人性本无善恶之分,只有生存的本能。只有在成长的过程中,受到教育、受到社会的影响之后,人性才产生区别。换言之,后天的教育对人性的改变起到了决定性作用。基于人,为了人,这就是语文教育的立足点和归宿。

➡ 臻美语文：
让儿童在语文教育中日臻完美

　　南昌市邮政路小学是一所百年名校。目前，语文学科教研组共有 6 个年级组，共计 56 位语文老师，师资队伍优良，结构合理，拥有省、市、区骨干教师 9 人。邮政路小学语文教研组，秉持"创设灵动课堂，践行臻美语文"的课程理念，以教研组为单位开展教学研究，进行听课、评课、磨课活动，定期组织和开展教师基本功展评、公开课研讨等活动。充分发挥团队合作的力量，积极参与各级各类教育教学竞赛，使语文组的老师基本形成一定的教学风格，语文课堂教学深受孩子们喜爱。

第一节　追求真实的生命成长

一、学科价值观

　　《义务教育语文课程标准(2011 年版)》指出："语文课程是一门学习语言文字运用的综合性、实践性课程。义务教育阶段的语文课程，应使学生初步学会运用祖国语言文字进行交流沟通，吸收古今中外优秀文化，提高思想文化修养，促进自身精神成长。工具性与人文性的统一，是语文课程的基本特点。"[1]

　　"臻美语文"顺应了人的本性需要。[2] 在我们看来，人性本无善恶之分，只有生存的本能。只有在成长的过程中，受到教育、受到社会的影响之后，人性才产生区别。换言之，后天的教育对人性的改变起到了决定性作用。

　　"臻美语文"是推进课程改革的需要。加强美育是深化教育改革、全面推进素质教育的必然要求。同时，在加强艺术课程教学的同时，使德、智、体、美等方面的

---

[1] 中华人民共和国教育部. 义务教育语文课程标准(2011 年版)[M]. 北京：北京师范大学出版社，2012.
[2] 杨永彬."臻美语文"的概念与内蕴[J]. 语文知识，2017(08).

教育相互渗透、协调发展,将美育融入学校教育的全过程。苏霍姆林斯基说:"美是一种心灵的体操,它使我们精神正直、良心纯洁,情感和信念端正。"由此可见加强美育的重要性。

"臻美语文"遵循学生身心发展规律。语文要优化整合各种教育教学资源,有目的、有计划、有组织地培养学生自主学习、创新发展的能力。设计每日精进、能塑造学生善良正直、求真尚美品格的语文教育教学活动;努力追求日趋完美的语文教育,最终使学生走向臻美的语文人生。

二、学科课程理念

语文是一个兼具工具性和人文性的学科,文字词句的背后既是知识的习得,也是心灵的修养。语文课程群的建设,是根据孩子不同学段的学习水平制定课程的,力图大力弘扬优秀的传统文化,落实社会主义核心价值观的基本要求,体现民族特点,确保课程适合中国学生的实际学情,培养学生的家国情怀。依据《义务教育语文课程标准(2011年版)》文件精神,并结合我校语文学科的实际情况,我校提出了"臻美语文"的课程哲学,即"日精日进,日臻完美"。"臻美语文"注重以美辅德、以美启智、以美育人,目标直指人的生命成长的质量。

1. "臻美语文"是不断夯实积累的语文。[①] 夯实积累是儿童学好母语的基础,是学好语文的不二法门。而人的最佳记忆期是儿童时期。儿童应积累什么呢? 一是积累背诵国学经典。《三字经》、《百家姓》、《千字文》、《弟子规》、《论语》、《大学》、《中庸》、《孟子》、《声律启蒙》、《增广贤文》等,都是国学经典的重要组成部分。这些国学经典要有序分散到每个年级,让学生背诵积累。二是积累背诵古诗词。古诗词是我国古代灿烂文化的精髓,是传统文化中的一朵奇葩。课标要求背诵的 75 首古诗要全部背熟。三是积累背诵教材指定内容。入选教材的课文大多是名家名篇,这些文章语言优美,思想内容深刻,值得反复诵读。

2. "臻美语文"是深入体察涵泳的语文。宋人陆九渊有诗云:"读书切戒在慌忙,涵泳工夫兴味长。"曾国藩在给儿子的家书中把这一传统读书经验解释得十分

---

① 杨永彬."臻美语文"的概念与内蕴[J].语文知识,2017(08).

透彻："涵泳者如春雨之润花,如清渠之溉稻……泳者,如鱼之游水,如人之濯足……善读书者,须视书,而视此心如花、如稻、如鱼、如濯足,庶可得之于意之表。"(《谕纪泽》)体察涵泳也是学好语文的有效途径之一。在阅读教学中,学生的情感体验有其自身规律,不能一蹴而就,需要引导他们慢慢地体察涵泳。

3．"臻美语文"是加强审美鉴赏的语文。[①] 提高学生的审美鉴赏能力是语文教学的重要任务之一。在教学中,我们应从多个方面综合培养学生的审美鉴赏能力。如鉴赏古诗词的词汇美、散文的音律美等。

4．"臻美语文"是强化实践运用的语文。培养学生的听说读写能力,是语文教学的核心任务之一。而在听说读写能力的培养中,阅读教学是重头戏,教师要在引导学生读得流畅、读出感情、读出智慧、读出见解的过程中强化说写实践,让学生言意兼得,化知为能。学语文的目的就是要学会运用语言文字,教师要指导学生去品析文本语言的表现形式,学习作者是如何遣词造句,从而进行迁移实践,建构自己的语言模块。

第二节　塑造最美好的心灵

一、学科课程总体目标

《义务教育语文课程标准(2011 年版)》指出：语文课程目标的设计着眼于语文素养的整体提高。在语文学习过程中,培养学生爱国主义感情、社会主义思想道德和健康的审美情趣,发展个性,培养创新精神和合作精神,逐步形成积极的人生态度和正确的价值观;认识中华文化的丰厚博大,吸收民族文化智慧。关心当代文化生活,尊重多样文化,吸取人类优秀文化的营养,提高文化品位;培育热爱祖国语言文字的情感,增强学习语文的自信心,养成良好的语文学习习惯,初步掌握学习语文的基本方法;在发展语言能力的同时,发展思维能力,学习科学的思想方法,逐步养成实事求是、崇尚真知的科学态度;能主动进行探究性学习,激发想象力和创造

---

① 杨永彬."臻美语文"的概念与内蕴[J].语文知识,2017(08).

潜能,在实践中学习、运用语文;具有独立阅读的能力,学会运用多种阅读方法;能根据需要,运用常见的表达方式习作;具有日常口语交际的基本能力,学会倾听、表达与交流,初步学会运用口头语言文明地进行人际沟通和社会交往;学会使用常用的语文工具书,初步具备搜集和处理信息的能力。①

从"语文素养"这一核心概念出发,我校语文课程目标体系分为显性课程目标和隐性课程目标。语文课程显性课程目标包括"识字与写字"、"阅读"、"习作"、"口语交际"、"综合性学习"等内容的目标。语文课程的隐性目标则包括"思维方法"、"审美情趣"两方面的目标。

(一) 语文显性课程目标

1. 识字写字与汉语拼音教学。识字写字是阅读和习作的基础,是第一学段的教学重点,也是贯串整个义务教育阶段的重要教学内容。低年级阶段学生"会认"与"会写"的字量要求有所不同,小学阶段,整体要求学生累计认识常用汉字3 000个左右,其中2 500个会写。低段侧重要求学生掌握汉字的基本笔画和常用的偏旁部首,能按笔顺规则用硬笔写字,注意间架结构,初步感受汉字的形体美。中高段侧重要求学生对学习汉字有浓厚的兴趣,有独立识字写字的能力,写字姿势正确,有良好的书写习惯。识字教学要注意儿童的心理特点,将学生熟识的语言因素作为主要材料,结合学生的生活经验,引导他们利用各种机会主动识字,力求识用结合。要运用多种识字教学方法和形象直观的教学手段,创设丰富多彩的教学情境,提高识字教学效率。

语文课程标准要求学生学会汉语拼音,能说普通话。具体到低年级阶段学生而言,要求学生能够读准声母、韵母、声调和整体认读音节,能准确地拼读音节,熟记《汉语拼音字母表》。汉语拼音的教学要尽可能有趣味性,宜多采用活动和游戏的形式,应与学说普通话、识字教学相结合,注意汉语拼音在现实语言生活中的运用。

2. 阅读。阅读是运用语言文字获取信息、认识世界、发展思维、获得审美体验

① 中华人民共和国教育部.义务教育语文课程标准[M].北京师范大学出版社,2012.

的重要途径。阅读教学是学生、教师、教科书编者、文本之间对话的过程。阅读是学生的个性化行为。学生要具有独立阅读的能力，学会运用多种阅读方法。有较为丰富的积累和良好的语感，注重情感体验，发展感受和理解的能力。能阅读日常的书报杂志，能初步鉴赏文学作品，丰富自己的精神世界。小学阶段要求背诵优秀诗文 160 篇(段)，课外阅读总量不少于 145 万字。各个学段的阅读教学都要重视朗读和默读。阅读教学应该注重培养学生感受、理解、欣赏和评价的能力。这种综合能力的培养，各学段可以有所侧重。

阅读教学要重视培养学生广泛的阅读兴趣，扩大阅读面，增加阅读量，提高阅读品味。提倡少做题，多读书，好读书，读好书，读整本的书。关注学生通过多种媒介的阅读，鼓励学生自主选择优秀的阅读材料。加强对课外阅读的指导，开展各种课外阅读活动，创造展示与交流的机会，营造人人爱读书的良好氛围。

3. 习作。习作是运用语言文字进行表达和交流的重要方式，是认识世界、认识自我、创造性表述的过程。习作能力是语文素养的综合体现。写作教学应贴近学生实际，让学生易于动笔，乐于表达，应引导学生关注现实，热爱生活，积极向上，表达真情实感。关于写作目标，第一学段定位于"写话"，第二学段开始"习作"，这是为了降低学生写作起始阶段的难度，重在培养学生的写作兴趣和自信心。语文课程标准整体目标与内容指出：能具体明确、文从字顺地表达自己的见闻、体验和想法；能根据需要，运用常见的表达方式写作，发展书面语言运用能力。

在写作教学中，应注重培养学生观察、思考、表达和创造的能力。要求学生说真话、实话、心里话，不说假话、空话、套话，并且抵制抄袭行为。写作教学应抓住取材、立意、构思、起草、加工等环节，指导学生在写作实践中学会写作。重视引导学生在自我修改和相互修改的过程中提高写作能力。

此外，要重视写作教学与阅读教学、口语交际教学之间的联系，善于将读与写、说与写有机结合，相互促进。要关注作文的书写质量，要使学生把作文的书写也当做练字的过程。

4. 口语交际。口语交际能力是现代公民的必备能力。应培养学生倾听、表达和应对的能力，使学生具有文明和谐地进行人际交流的素养。

口语交际是听与说双方的互动过程。教学活动主要应在具体的交际情境中进行,不宜采用大量讲授口语交际原则、要领的方式。应努力选择贴近生活的话题,采用灵活的形式组织教学。重视在语文课堂教学中培养口语交际的能力,鼓励学生在各科教学活动以及日常生活中锻炼口语交际能力。

　　5. 综合性学习。综合性学习主要体现为语文知识的综合运用、听说读写能力的整体发展、语文课程与其他课程的沟通、书本学习与生活实践的紧密结合。综合性学习应突出学生的自主性,重视学生主动积极的参与精神,主要由学生自行设计和组织活动,特别注重探索和研究的过程,要加强教师在各环节中的指导作用。

　　综合性学习应强调合作精神,注意培养学生策划、组织、协调和实施的能力。综合性学习的设计应开放、多元,提倡与其他课程相结合,开展跨领域学习。跨学科学习也应以提高学生语文素养为目的。

（二）语文隐性课程目标

　　1. 思维方法。课堂教学是一个动态的不断发展推进的过程。尊重学生主体,要珍视学生的课堂生成,这是一种宝贵的资源。例如在语文课堂上,有的学生读课文总是会添字漏字,有经验的教师便会通过这个小契机把添字漏字后的课文和原文加以比较,体会其异同点,同时也让学生体会到用词、用字的严谨。这样的课堂不刻意,老师抓住课堂中的契机,充分发挥自己的智慧,为课堂生成制造空间,让课堂生成成为一种教学资源。我们要凭借教学资源的自然特征,让学生学习的知识在课堂教学中自然收获。要尊重学生学习、认知规律,勿以成人的眼光要求儿童。并且尊重学生的"原创思维",珍视课堂上生成的宝贵资源。

　　2. 审美情趣。苏霍姆林斯基说过:"教育,如果没有美,没有艺术,那么是不可思议的。"语文教材中的文章,大多都是经典名篇。教师要根据课文特点,发挥其优势。通过凸显美的教学内容,优化美的教学手段,运用美的教学语言,表现美的教师仪态,构成一个多向折射的"审美心理场",作用于学生身上。

二、学科课程年段目标

　　根据课程标准的要求,我们将语文课程年级目标设置如表6-1。

表 6-1　"臻美语文"课程年级目标表

目标 年级 \ 类别	识字与写字	阅　读	写　话	口语交际	综合性学习
(一) 一年级课程目标	学会汉语拼音，借助汉语拼音认识常用汉字 700 个，正确书写 300 个。	课外阅读不少于 3 万字，展开想象，获得情感体验，感受并积累优美的语言。	对写话有兴趣，留心周围事物，写自己想说的话，写想象中的事物。	认真听别人讲话，能讲述小故事和自己感兴趣的见闻。	对周围事物有好奇心，能就感兴趣的内容提出问题，结合课内外阅读共同讨论。
(二) 二年级课程目标	熟记《汉语拼音字母表》，借助字典认识常用汉字 1500 个左右，正确书写 762 个。养成良好的书写习惯。	课外阅读不少于 3 万字，掌握默读的方法，积累和背诵自己喜欢的成语、格言警句和优秀诗文。	会利用逗号，句号和自己积累的词语写自己想说的话，并用普通话复述，态度大方有礼貌。	能自信地表达，结合语文学习，观察大自然，用口头或图文等方式表达自己的观察所得。	热心参加校园、社区活动。结合活动，用口头或图文等方式表达自己的见闻和想法。
(三) 三年级课程目标	利用字、词典等工具累计认识常用汉字 2000 个，会写 1237 个。字体规范、端正、整洁，姿势正确。	体会课文中关键词句表情达意的作用。初步把握文章的主要内容，积累背诵 30 篇优秀诗文，课外阅读量不少于 30 万字。	不拘形式地清楚写下自己的见闻、感受和想象，能用简短的书信、便条进行交流。	能用普通话交谈，学会认真倾听，并提出学习和生活中的问题，有目的地搜集资料，共同讨论。	能在老师指导下组织有趣味的语文活动，在活动中学习语文，学会合作。
(四) 四年级课程目标	有主动识字的习惯，累计认识常用汉字 2500 个，会写 1600 字。能使用硬笔熟练地书写正楷字，做到规范、端正、整洁。	能复述大意，初步感受作品形象和语言，在诵读优秀诗文过程中领悟诗文大意，积累背诵 30 篇优秀诗文，课外阅读量不少于 30 万字。	尝试在习作中运用所学词语，学习修改习作中有明显错误的词句，根据表达的需要，正确使用冒号、引号等标点符号。	听人说话能把握主要内容，并能简要转述。能清楚明白地讲见闻，说出自己的感受和想法，讲述故事力求具体生动。	用书面或口头表达自己的观察所得。在家庭生活、学校生活中，尝试运用语文知识和能力解决简单问题。

续　表

类别\\目标\\年级	识字与写字	阅　读	写　话	口语交际	综合性学习
(五)五年级课程目标	累计认识常用汉字2 750个,会写2 234个字,有良好的书写习惯,硬笔书写楷书,力求美观。	初步领悟文章的基本表达方法,诵读优秀诗文,体味作品的内容和情感。背诵优秀诗文30篇。课外阅读总量不少于50万字。	养成观察的习惯,积累习作素材,进行创作。能写简单的记实作文和想象作文,并分段表述。学写读书笔记,学写常见应用文。	听人说话认真、耐心,能抓住要点简要转述,并乐于参与讨论,敢于发表自己的意见。	初步了解查找资料、运用资料的基本方法,学习辨别身边的是非、善恶、美丑。
(六)六年级课程目标	累计认识常用汉字3 000个左右,会写2 500个,硬笔书写楷书,力求美观,并有一定的速度。能用毛笔书写楷书,体会汉字的优美。	阅读文学作品,了解事件梗概和基本说明方法,体会作品的情感,抓住要点,并找出有价值的信息。背诵优秀诗文30篇。课外阅读总量不少于50万字。	善于自我表达和与人交流。习作有一定的速度,做到语句通顺,行款正确,书写规范。根据表达需要,正确使用常用的标点符号。	表达有条理,语气、语调适当。能根据对象和场合,稍作准备,作简单的发言。语言美,抵制不文明的语言。	尝试写简单的研究报告。策划简单的校园活动和社会活动,对所策划的主题进行讨论和分析,学写活动计划和活动总结。

第三节　亲近经典,润泽人生

　　基于"臻美语文"的语文学科课程理念,根据课程任务,我校课程主要分为基础性课程和拓展性课程。基础性课程旨在培养学生终身发展和适应未来社会所需的共同基础。拓展性课程主要满足学生的个性化学习需求,开发学生的潜能。

一、学科课程结构

　　根据《义务教育语文课程标准(2011年版)》规定,小学语文分为识字与写字、阅读、习作、口语交际、综合性学习五大版块。据此，我校语文课程创意设置为识写拼盘、书香浸润、能言善辩、小小作家、畅语畅文五大类，见图6-1。

图6-1 "臻美语文"课程结构图

(一) 识写拼盘

识字和写字是贯串在整个义务阶段的教学任务，因此根据各年段学生特点安排了"汉字大擂台"、"查字典高手"等，充分利用儿童的生活经验，注重教授识字方法，力求识用结合。同时积极倡导"下要保底，上不封顶"。

(二) 书香浸润

内容主要是诵读经典，体会臻美语文。读经典、诵经典的孩子，会养成孝顺父母，懂礼貌，知礼仪，有教养的良好习惯。孩子的生活品位和人生内涵会在更高的起点上迈步。

(三) 小小作家

内容为"我手绘我心"、"小小故事家"、"生活多精彩"、"古诗我来写"、"结实大作家"、"书写童年志"。在整个过程中为学生提供平台，拓宽视野，积累素材。引导学生的发散思维，激发灵感。指导学生在活动中加强交流，调动情感，从而提高学生的写作水平。

(四) 能言善辩

努力选择贴近生活的话题。重视在语文课堂教学中培养口语交际的能力，鼓励学生在各科教学活动以及日常生活中锻炼口语交际能力。口语交际的评价，也需注重提高学生对口语交际的认识和表达沟通的水平。

(五) 畅语畅文

语文综合性学习就是以语文课程的整合为基点,加强语文课程与其他课程的联系,强调语文学习与生活的结合,以促进学生语文素养的整体推进与协调发展。就其对评价的要求而言,"小学语文综合性学习"要从"一元评价"变为"多元评价","终结性评价"变为"过程性评价"。

二、学科课程设置

我校语文学科开发了"识写拼盘"、"书香浸润"、"小小作家"等拓展性课程。其中我们特别重视国学经典的诵读,因为这是中华文明传承的主要载体,也是中国人文化身份的象征。我们根据一到六年级学生的年龄特点和心理规律,整体规划了书目,有针对性地设定不同的主题。具体详见表6-2。

表6-2 "臻美语文"课程设置表

学科 年级 \ 类别	学期	识写拼盘	书香浸润	能言善辩	小小作家	畅语畅文
一年级	上学期	拼音达人秀	走近《三字经》	绘本推荐人(一)	我手绘我心	校园是我家
	下学期	汉字大擂台	走近《日有所诵》	绘本推荐人(一)	我手写我心	校园人人夸
二年级	上学期	查字典高手(一)	古诗小学堂(一)	童话表演者	小小故事家	神奇大自然
	下学期	查字典高手(二)	古诗小学堂(二)	童话大世界	小小表演家	自然真伟大
三年级	上学期	句子变变变	诗词赞赞赞(一)	成语猜猜猜	生活多精彩	我们去旅游
	下学期	句型大变身	诗词赞赞赞(二)	成语小博士	发现生活美	小小导游行
四年级	上学期	名帖我来摹	诗歌我来编	悦读大分享	古诗我来写	多彩课本剧
	下学期	小小书法家	诗歌小达人	小小朗读者	我是小诗人	走进课本剧

续　表

学科 年级＼类别	学期	识写拼盘	书香浸润	能言善辩	小小作家	畅语畅文
五年级	上学期	成语大接龙	穿越唐宋元	慧雅小书童	结实大作家	经典我来品
	下学期	击鼓大传花	小小穿越家	我是读书郎	我是小作家	小小新上架
六年级	上学期	汉字创意家	相约文言文	周游大世界	书写童年志	书法艺术会
	下学期	小小文字家	我与文言约	神奇环球记	趣味童年记	书法大鉴赏

第四节　与美相遇，奏响生命华章

　　"臻美语文"目的在于引领学生去发现美、创造美，让语文课程化成美的风景。让风景中的人，不管是老师，还是学生，都浸润在这美的课堂中，把学习变成一种天然的向往与喜爱，让教与学充满情趣，富有成效。"臻美语文"从打造"臻美课堂"、建设"臻美课堂"、创设"臻美节日"、开设"臻美社团"、创编"臻美诗词"这五方面入手，引导学生领悟语文之美，践行"在语文教育中日臻完美"的理念。

一、打造"臻美课堂"，有效落实语文学科课程

　　臻，《说文》解为"至"也；另有"及、达到；聚集；重复"之意，也有"众、盛、满；周到、周全、完备"之辞。臻美，指达到更好的地步，趋于完善之意。"臻美课堂"体现语文学科"感受生活的美好"的课程理念，落实语文课程目标，直指人的生命成长的质量，让美在学校里、在课堂上聚集，让孩子们"在这里，与美相遇"，最终实现"至美"发展。

(一)"臻美课堂"的特点

　　依据陶行知教育思想，学校致力于创设具有求真尚美、知行合一特质的"臻美语文"，体现出明晰、丰富、突出、灵活、活跃这五个特点，进一步明确语文学科课堂

建设的方向。

明晰。"臻美语文"强调学生是真正的主人,教师是学生的平等对话者、沟通者、引导者、互动者、意义的建构者。在课堂上,教学必须符合年段教学目标与要求。体现三维目标的有机整合。同时,必须关注学生良好学习行为和习惯的培养。

丰富。正确理解教材,准确把握教材,创造性地处理和使用教材。有课程资源意识,合理利用资源,适当延展教学内容的广度和深度。

突出。教学结构设计合理,环节清晰、简约、紧凑,突出重点,突破难点。重视课堂对学生评价的激励和导向功能,能激发兴趣,激活思维。

灵活。教学方法灵活、简单、有效,以听、说、读、写、实践为主,重视学习策略和方法的指导。

活跃。学生学习积极性高,思维活跃,有强烈的求知欲望,敢于质疑,善于表达,勤于实践,能够创新。全员参与、全程参与、有效参与,参与教学活动时间一般不少于课堂时间的二分之一。

(二)"臻美课堂"的评价

"臻美课堂"提倡高效高质量,通过"枫杨杯"、"骏马杯"、"班班通"等课堂教学竞赛,及微课制作、组织新教学方式优质课、各年级语文教研组的展示课等,实现"名师引领、团队合作、全员提高、资源共享、均衡互补",努力践行"臻美课堂"。

课堂评价从是否具备明晰的教学目标、丰富的教学内容、突出的教学环节、灵活的教学方法和活跃的教学状态五个方面进行量化。见表6-3。

表6-3　南昌市邮政路小学语文"臻美课堂"课程评价表

课程名称:　　　　执教人:　　　　班级:　　　　日期:

评价项目	评　价　要　素	评分
教学理念 (10分)	1. 教学理念新,符合素质教育和新课程改革的要求。 2. 在语文学习的过程中渗透人文因素,实现工具性与人文性的统一。 3. 以学生发展为本,全面提高学生语文素养。 4. 正确处理教师教与学生学的关系,突出学生主体地位,让每个学生都能得到发展和提高。	

评价项目		评　价　要　素	评分
教学过程（50分）	教学目标明晰	1. 符合《语文课程标准》年段教学目标与要求。 2. 体现"知识与能力、过程与方法、情感态度和价值观"三维目标的有机整合。 3. 简明、具体、恰当，符合学生实际和发展需要。 4. 关注学生良好学习行为和习惯的培养。	
	教学内容丰富	1. 正确理解教材，准确把握教材，创造性地处理和使用教材。 2. 从整体上把握教学内容，恰当取舍，突出重点、训练点。 3. 有课程资源意识，合理利用资源，适当延展教学内容的广度和深度。	
	教学环节突出	1. 教学结构设计合理，环节清晰、简约、紧凑，突出重点，突破难点。 2. 教学容量合理，能够依据教学内容，适时拓展，突出重点、分散难点，抓住关键，过渡自然。 3. 重视课堂对学生评价的激励和导向功能，能激发兴趣，激活思维。	
	教学方法灵活	1. 教学方法灵活、简单、有效，以听、说、读、写、实践为主，重视学习策略和方法的指导。 2. 创设能引导学生主动参与和体验的教学环境，构建民主和谐的课堂气氛，善于激发和调动学生的情感，形成平等对话、互相交往的课堂氛围。	
	学生状态活跃	1. 学习积极性高，思维活跃，有强烈的求知欲望，敢于质疑，善于表达，勤于实践，能够创新。 2. 全员参与、全程参与、有效参与，参与教学活动时间一般不少于课堂时间的二分之一。	
教学效果（20分）		1. 师生共同参与教学，学生参与面广。大多数学生情绪高涨，对学习有情感体验。 2. 能够利用学习时间，较好地完成本节知识、能力目标；不同层次的学生在原有水平上得到相应提高。	
教学特色（20分）		教学设计具有原创性，教学方式独特新颖，教学效率高、效果好。	
总　分		优秀：90—100　良好：80—89　合格：60—79　不合格：60分以下	

二、建设"臻美课程",丰富语文学科课程内涵

"臻美学科"旨在通过学科课程矩阵来确定课程与学校育人目标之间的相互相应,解析育人目标的达成度。通过聚焦目标、构建联结、组合配对、整合优化四个步骤,构建学科课程群。

(一)"臻美课程"的建设路径

追求美,是人文化修养的最高表现形式,也是语文教学的灵魂。学校致力于打造"臻美语文",希望通过课堂教学、课外阅读和微课程等方式在识字写字、阅读、习作、口语交际、综合性学习等方面注重以美辅德、以美启智、以美育人。我们的语文不仅要把这种美弥漫到教学的课堂上,还要把它播撒进学生的心灵中,把精神融进学生的世界中。因而"臻美课程群"的建设,是根据孩子不同学段的学习水平制定的课程。

根据学校语文学科师资力量,倡导教师在国家课程校本化实施的基础上总结经验,我校以语文学科为原点,设计语文学科特色"臻美课程"课程群。各年级课程设置如表6-4。

表6-4　南昌市邮政路小学语文"臻美课堂"各年级课程课时设置表

年级	课程目标		课 时 设 置
一年级	拼读趣语文	拼音达人秀	语文早读 15 分钟,多种形式趣味拼读。
		汉字趣味多	语文早读 15 分钟,多种形式趣味识字。
		走近三字经	语文早读 15 分钟,多种形式走进国学。
二年级	悦读妙语文	绘本推荐人	每周的一节阅读课上,学生上台推荐自己喜欢的绘本书籍。语文老师根据推荐人表现打分,每月选择一本绘本,全班共读。
		童话表演秀	每周的班会或阅读课上,学生自行上台表演课本童话或经典课外童话剧。语文老师选择表现得最佳组,全班共读童话书。
		古诗小学堂	语文早读 15 分钟,多种形式吟诵。每年五月为学校"古诗文诵读考级月"。低年级学生进行"枫杨诗词考级"活动,依据成绩评选优秀者。

年级	课程目标		课　时　设　置
三年级	玩转巧语文	句子变变变	语文课前5分钟，师生或生生可进行兴趣交流，营造语文学习氛围。
		成语猜猜猜	每周的班会或阅读课上，师生或生生进行成语主题趣味竞赛，营造语文学习氛围。
		诗词赞赞赞	语文早读15分钟，多种形式吟诵自己喜欢的诗词，互相推荐及分享。
四年级	书写美语文	诗歌我来编	每隔半个月的阅读课上，可以与他人分享自己创编的诗歌。
		故事我来续	每周的阅读课上，师生就某一个主题为故事开头，接龙创编故事。
		名帖我来摹	每周的书法课上观摩身边老师或同学的优秀字帖作业，点评、学习。
五年级	触摸雅语文	结识大作家	每周的班会或阅读课上，师生或生生进行"走进大作家"百家讲堂，营造语文学习氛围。
		鉴赏大部头	每半月的阅读课上，学生上台推荐自己喜欢的名家代表作。语文老师根据推荐人表现打分，每月选择一本，全班整本书共读。
		穿越唐宋元	语文早读15分钟，多种形式吟诵。每年五月为学校"古诗文诵读考级月"。高年级学生进行"枫杨诗词考级"活动，依据成绩评选优秀者。
六年级	品味臻语文	周游大世界	每半月的阅读课上，一起观看喜欢的电影，了解世界的丰富多彩。
		相约文言文	每月一次早读课上，师生或生生推荐自己喜欢的经典文言代表作并吟诵。
		书写童年志	最后一个学期，学生回顾自己小学六年的学习、生活，配上照片，写下自己对未来的期许。

(二)"臻美课程"的评价要求

结合"臻美课程"的实践和操作可以判断，优秀课程要具备学科教研扎实、学科理念明确、课程内容丰富、学科教学高效、学法指导有效等特点。

1."臻美课程"教研扎实。建立有效的学科团队教研机制是教学资源有效整合和推进课程有效实施的有效形式。"臻美课程"以教研组为单位开展教学研究,开展听课、评课、磨课活动,定期组织和开展教师基本功展评,充分发挥团队合作的力量,有利于推动学校教学内容和方法的改进,有利于教学经验的交流,有利于增进学校各方面工作的协作,从而提高语文学科的品质。

2."臻美课程"理念明确。学生应具备的基本语文素养的内涵是丰富的,课程目标根据三个维度来设计展开,体现了工具性和人文性相统一的思想。

3."臻美课程"内容丰富。在"臻美课程"中,从丰富学生语文课堂教学内容的必要性和重要途径两个方面入手,推动小学语文教学迈上一个新的台阶。

4."臻美课程"教学高效。高品质的学科教学是保证学科质量的基础。以准确的教学目标为前提,以丰富的课堂活动为主线,以提高学生的自学能力为保证,保持"本真"、保持"自然",再以深度的课后反思为助推,打造"臻美课程"高品质教学的模式。

5."臻美课程"指导有效。有意识地进行语文学科学习及学法指导,把重点放在培养学生良好的学习习惯上,注重对他们学习方法、学习能力的指导和训练。注意教法和学法相结合,课内与课外相结合,聚焦"授之以渔"的教学理念,这是"臻美课堂"建设的突出特色。"臻美语文"课程评价细则如表6-5。

表6-5　南昌市邮政路小学"臻美语文"课程评价量表

类　别	指标	评　估　标　准	分值	得分
课堂目标	明朗	1.总目标指向清晰,高于学科课程标准,与核心素养相对应。紧扣课标和学段要求,体现文体特点,切合学情,简单、明了,体现大语文观。	10	—
		2.学习目标表述能将"三维目标"有机渗透融合,具体、明确,可操作、可检测,直指语文工具性和人文性的统一。	10	
思路环节	自然	1.主线清晰,循序渐进。	10	
		2.能够根据内容合理分配各年级任务和时间。	10	

续　表

类　别	指标	评　估　标　准	分值	得分
教学实施	从容	1. 将课堂自主权还给学生,倡导个性化、多样化学习,通过自主学习、合作探究、多元互动、和谐共生等多种方式来学习。	10	
		2. 教师善于引导、鼓励学生质疑,培养学生的质疑能力。学生在课堂中敢于质疑,并表现出一定的质疑能力。	10	
		3. 学习目标问题化。以明确的学习任务作为启动和组织学生学习活动的操作把手,激发学生探求新知的热情。	10	
课程评价	务实	评价内容具体,措施方法得当,权重明确。	10	
课程反思	全面	1. 最大限度地了解学生学习中遇到的问题,并对问题进行梳理、归纳,聚焦问题。	10	
		2. 教师参与学生探究活动,能兼顾到各层面学生。	10	

三、创设"臻美节日",营造浓厚语文学习氛围

丰富多彩的节日活动课程,让学生在体验教育和实践活动中丰富感性积累,提升理性认知,搭建了学习和研讨的平台,在交流中促使学生增强认识,提高能力。

(一)"臻美节日"的主要内容及实施

创设节日活动课程,目的在于激发学生读书的兴趣,让每一位学生都亲近书本,养成爱读书、乐读书的好习惯,促进个性特长和谐发展,提高综合素养。

1. "臻美节日"的主要内容及实施。通过开展读书月活动,营造积极向上、清新高雅、健康文明的校园文化氛围。从而激发学生读书的兴趣,培养学生爱读书的好习惯,真正体验到"我阅读、我快乐"。

讲一讲:阅读课外书的好处和意义。

动一动:组织学生开展诵读比赛、演讲比赛、故事大王大比拼、读书分享会、古诗文擂台赛、读书成果汇报演出等活动。

读一读:根据学校实际情况,合理充分地利用好学生在校的闲暇时间,组织读

书活动。利用假期时间组织学生分散阅读。每天不少于 30 分钟。

考一考：学校确定五月为"古诗文诵读考级月"。低年级学生进行"枫杨诗词考级"活动，依据成绩评选优秀者。考核分十二级，每一级背诵十篇，篇目对应《枫杨诗词》中一到六年级十二个学期要求背诵的篇目。考级成功的同学，将获得由学校颁发的考级奖章(或证书)。达四级的同学授予"诗词小学士"称号，达八级的同学授予"诗词小硕士"称号，达十二级的同学授予"诗词小博士"称号。

夸一夸：宣传读书活动中涌现出的先进典型，并通过"小枫杨广播站"宣传报道，激发学生读书兴趣。

"臻美节日"课程的评价具体见表 6-6。

表 6-6 "臻美节日"课程内容与实施表

课 程 名 称	课 程 内 容	组 织 实 施
臻美诵读节	以校本教材《枫杨诗词》为主要内容。	进行"枫杨诗词考级"活动，依据成绩评选出"诗词小学士"等称号。
臻美书画节	把读与画结合起来，在读中或学生自画，或师生共画，或展示现成图画。	各班推选出优秀作品进行校内展示。
臻美戏剧节	以课文为主要内容，由学生自导自演，老师适时给出建议。	教师挖掘教学资源，选定课文，然后组织学生踊跃参加，并选出适合的演员，利用"六一"等平台进行全校展演。
臻美文学节	以观后感、读后感、小练笔为主，抒发自己的感受。	征文文体不限，题目自拟，要求是自己的真实作品，学校组织老师进行评比。
臻美歌颂节	把指导阅读理解和音乐演唱结合起来，让学生在音乐氛围中加深对课文的领悟，提高朗读能力。	教师挖掘教学资源，选定课文，然后组织乐感好的学生踊跃参加，优秀者还可进行全校展演。

(二)"臻美节日"的评价

评价量化见表 6-7。

表6-7　"臻美节日"课程评价表

评价项目	评　价　内　容	得　分
活动开展 (20分)	1. 活动目标明确,内容生动有趣,创造良好的参与氛围。 2. 活动有创新性,能激发学生参与的热情。 3. 活动有实践可操作性,能切实提高学生的能力。	
内容丰富 (20分)	1. 内容符合新课程标准的要求。 2. 在学生积极参与活动的同时,教师应帮助学生拓展课外知识。	
学生表现 (20分)	1. 激发成就动机,让学生乐于参与。 2. 对不同层次的学生提出不同的要求,根据具体情况采用不同方法,让学生树立自信心,使每名学生都乐于参与教学活动。	
活动效果 (20分)	1. 活动开展顺利,各环节衔接紧密。 2. 帮助和鼓励不同层次的学生完成自己的目标,让他们体验到成功的喜悦。	
人文情怀 (20分)	1. 在教育活动中,要引导学生自觉、自主、积极地参与其中,促使受教育者成为教育的主体、发展的主体。 2. 培养学生主动探索、积极思考、自主创新的精神。	
综合评价		

四、开设"臻美社团",发展语文学习兴趣

本着张扬学生个性、培养学生兴趣和特长的教学理念,促进第一课堂的教学,丰富课外生活,提高学生学习语文的兴趣和能力,激化学生阅读和表达的热情,掌握一定的阅读和表达的知识和技巧,极大限度地提高学生的学习兴趣和语文能力,我校开展"枫杨诗词、书法艺术会、课本剧,穿越唐宋元、悦读大分享、结实大作家"等众多优质语文学习社团,给孩子们提供多样化、个性化的自由展示空间,张扬个性,享受语文学习带来的快乐。

1. "臻美社团"的主要类型。主要分为以下五种类型：识字写字、精品阅读、口语交际、快乐作文,综合性学习。并根据每个年级的特点,具体划分为不同的社团,如"枫杨诗词社"、"墨韵坊社团"、"悦读分享社"、"形体表演社"等。

2. "臻美社团"的评价要求。为保证社团出成绩,上水平,真正成为学校每一个人共同的社团。特制订相应的活动评价标准,主要从安全管理、材料管理、活动

管理、场地管理和特色成效等维度进行评价,具体评价标准如表 6-8。

表 6-8 "臻美社团"评价表

考核项目	考核标准和办法	得 分
安全管理 20 分	1. 社团活动指导老师及时到位(日常检查)。5 分	
	2. 活动安全保障有力,无出现安全事故(期末评估)。10 分	
	3. 每次活动学生出席率(日常检查对照人数以及每次活动的点名册)。5 分	
材料管理 20 分	1. 活动点名及时,社团名册记载详实(查看资料)。5 分	
	2. 活动前有计划,活动后有记录,活动主题、内容、形式有创新。社团活动计划合理周密详实可行,每次社团活动有辅导设计并有系列性,每次社团活动有记录(查看资料)。15 分	
活动管理 50 分	1. 活动内容丰富,形式生动,学生满意度高。进行学生调查,确定该社团学生对社团活动开展的喜爱程度(座谈调查)。5 分	
	2. 能积极配合学校开展的各项活动,认真落实各项工作(期末评估)。5 分	
	3. 活动期间的秩序、组织纪律良好,活动过程中没有违规现象。5 分	
	4. 每学期能组织一次展示活动,并向学校考核组开放,活动有条不紊,活动时间安排合理,能成功地完成活动,达到预期效果活动的气氛热烈,社员热情参与,通力合作(展示展演汇报)。35 分	
场地管理 10 分	1. 内部物品管理有序,无丢失等现象(实地检查)。5 分	
	2. 活动后场地内地面干净、桌椅整齐、墙壁无污迹、教学具无破损(实地检查)。5 分	
特色成效 (此项不 封顶)	1. 活动有一定影响,有报道。校级、县级每篇加 5、10 分以此类推。	
	2. 日常活动展示,参加校内展示加 10 分,校外展示加 20 分,以此类推。	
备注	合计得分:	

五、创编"臻美诗词",丰厚文化底蕴

诗歌,是中国文化中最璀璨的一颗明珠。为让学生从小浸润在诗歌的海洋里,提

升校园文化品味,我校意在创编"臻美诗词"(又叫《枫杨诗词》),丰厚学生的文化底蕴。

(一)"臻美诗词"实施方案

1. 考级内容。以学校古诗文读本《枫杨诗词》为主,如果所考级别中的古诗有不会背诵的,可以背诵课外(不能是课内的)自己积累的古诗文进行补充,但是最多选择两首,而且所背诵的古诗正文字数不得少于遗漏的古诗字数。(如有一首8句的古诗不会背,利用其他古诗替代时不得少于8句)。补充的诗文在考其他级别时不能再用(即每首古诗只能背诵一次)。

2. 考级标准。考核分十二级,每一级背诵十篇,篇目对应《枫杨诗词》中一到六年级十二个学期要求背诵的篇目。(具体见《考级申请表》)

3. 考级办法。① 考级对象:一、二学生;② 考评人:一、二年级语文教师;③ 考级方式两种。一种是从5月6日起,连续四周,语文老师利用每周一中午时间对各班进行考级。另一种是对照各等级的要求,学生自己申报等级。先填写《考级申请表》,由家长进行初测并签字认可后,再向语文教师提出申请。语文教师每周批准班级四分之一学生参加考级,四周考完。考核过关后,语文教师或"古诗小考官"在《考级申请表》上签字,并将表收回。

4. 活动保障。保证学生背诵古诗词的时间(建议早读、阅读、班队课拿出10分钟或利用每节课前的碎片时间)。每星期在黑板的一角板书一到两首必背诗词。班级积极开展背诵古诗词的各类活动、竞赛(如古诗词吟诵、接句、飞花令等活动),激发学生背诵古诗词的积极性。可根据学校古诗词考级要求对学生进行适当的有效指导。

表6-9　邮政路小学《枫杨诗词》考级申请表

班级:　　　　　　姓名:　　　　　　　　　考级时间:

等级要求	考级篇目(已背诵篇目打"√")
一级 (10首)	1. 逢雪宿芙蓉山主人(唐 刘长卿)　2. 绝句·江碧鸟逾白(唐 杜甫)　3. 桃夭(节选)　4. 山中送别(唐 王维)　5. 花影(宋 苏轼)　6. 咏华山(宋 寇准)　7. 塞下曲(唐 卢纶)　8. 采桑子·重阳(毛泽东)　9. 登鹳雀楼(唐 王之涣)　10. 杂诗·其二(唐 王维)
	替换(课外):1.　　　　　　　　2.

续　表

等级要求	考级篇目(已背诵篇目打"√")
二级 (20首)	1. 夜宿山寺(唐 李白)　2. 绝句·迟日江山丽(唐 杜甫)　3. 宿建德江(唐 孟浩然)　4. 相思(唐 王维)　5. 大林寺桃花(唐 白居易)　6. 题临安邸(宋 林升)　7. 遗爱寺(唐 白居易)　8. 如梦令·常记溪亭日暮(宋 李清照)　9. 清明(唐 杜牧)　10. 示儿(唐 陆游)
	替换(课外)：1.　　　　　　　　　2.
三级 (30首)	1. 采莲曲(唐 王昌龄)　2. 赠花卿(唐 杜甫)　3. 采薇(节选)　4. 赋得古原草送别(唐 白居易)　5. 春宵(宋 苏轼)　6. 梅花(宋 王安石)　7. 马诗(唐 李贺)　8. 忆秦娥娄山关(毛泽东)　9. 长歌行(汉乐府)　10. 春夜洛城闻笛(唐 李白)
	替换(课外)：1.　　　　　　　　　2.
四级 (40首)	1. 秋浦歌(唐 李白)　2. 江南春(唐 杜牧)　3. 枫桥夜泊(唐 张继)　4. 竹里馆(唐 王维)　5. 白鹭洲(宋 徐俯)　6. 乌衣巷(唐 刘禹锡)　7. 问刘十九(唐 白居易)　8. 丑奴儿·书博山道中壁(宋 辛弃疾)　9. 四时田园杂兴·其二(宋 范成大)　10. 冬夜读书示子聿(唐 陆游)
	替换(课外)：1.　　　　　　　　　2.

本人申请诗词背诵等级：(　　　)级

签字：

家长意见	语文教师意见	考官考核意见
   签字：	 签字：	 签字：

表6-10　邮政路小学《枫杨诗词》考级申请表(五到八级)

班级：　　　　　姓名：　　　　　　考级时间：

等级要求	考级篇目(已背诵篇目打"√")
五级 (50首)	1. 晓出净慈寺送林子方(宋 杨万里)　2. 江南逢李龟年(唐 杜甫)　3. 鹿鸣(节选)　4. 别董大(唐 高适)　5. 六月二十七日望湖楼醉书(宋 苏轼)　6. 蜂(唐 罗隐)　7. 凉州词(唐 王翰)　8. 七律·人民解放军占领南京(毛泽东)　9. 劝学(唐 颜真卿)　10. 夜雨寄北(唐 李商隐)
	替换(课外)：1.　　　　　　　　　2.

续　表

等级要求	考级篇目(已背诵篇目打"√")
六级 (60首)	1. 子夜吴歌·秋歌(唐 李白)　2. 早春呈水部张十八员外(唐 韩愈)　3. 暮江吟(唐 白居易)　4. 田园乐(唐 王维)　5. 菩萨蛮·书江西造口壁(宋 辛弃疾)　6. 题乌江亭(唐 杜牧)　7. 夜雪(唐 白居易)　8. 生查子·元夕(宋 欧阳修)　9. 十五夜望月寄杜郎中(唐 王建)　10. 十一月四日风雨大作(唐 陆游)
	替换(课外)：1.　　　　　　　　　　2.
七级 (70首)	1. 滁州西涧(唐 韦应物)　2. 登岳阳楼(唐 杜甫)　3. 黍离(节选)　4. 送杜少府之任蜀州(唐 王勃)　5. 蝶恋花(宋 苏轼)　6. 菊花(唐 元稹)　7. 出塞(唐 王昌龄)　8. 沁园春·雪(毛泽东)　9. 金缕衣(唐 无名氏)　10. 逢入京使(唐 岑参)
	替换(课外)：1.　　　　　　　　　　2.
八级 (80首)	1. 渡荆门送别(唐 李白)　2. 晚春(唐 韩愈)　3. 望月怀远(唐 张九龄)　4. 山居秋暝(唐 王维)　5. 滕王阁诗(唐 王勃)　6. 泊秦淮(唐 杜牧)　7. 村夜(唐 白居易)　8. 浣溪沙·一曲新词酒一杯(宋 晏殊)　9. 寒食(唐 韩翃)　10. 游山西村(唐 陆游)
	替换(课外)：1.　　　　　　　　　　2.

本人申请诗词背诵等级：(　　　)级

签字：

家长意见	语文教师意见	考官考核意见
   签字：	 签字：	 签字：

表 6-11　邮政路小学《枫杨诗词》考级申请表(九到十二级)

班级：　　　　　　姓名：　　　　　　　　考级时间：

等级要求	考级篇目(已背诵篇目打"√")
九级 (90首)	1. 题破山寺后禅院(唐 常建)　2. 望岳(唐 杜甫)　3. 芣苢(《诗经》)　4. 送友人(唐 李白)　5. 江城子·密州出猎(宋 苏轼)　6. 在狱咏蝉(唐 骆宾王)　7. 前出塞九首·其六(唐 杜甫)　8. 水调歌头·游泳(毛泽东)　9. 观书有感(唐 朱熹)　10. 商山早行(唐 温庭筠)
	替换(课外)：1.　　　　　　　　　　2.

续　表

等级要求	考级篇目(已背诵篇目打"√")
十级 (100首)	1. 月下独酌·其一(唐 李白)　2. 绝句·古木阴中系短篷(宋 志南)　3. 月夜忆舍弟(唐 杜甫)　4. 终南别业(唐 王维)　5. 饮酒·其五(晋 陶渊明)　6. 蜀相(唐 杜甫)　7. 钱塘湖春行(唐 白居易)　8. 定风波·莫听穿林打叶声(宋 苏轼)　9. 水调歌头(宋 苏轼)　10. 钗头凤(唐 陆游)
	替换(课外)：1.　　　　　　　　　　　　2.
十一级 (110首)	1. 望洞庭湖赠张丞相(唐 孟浩然)　2. 登高(唐 杜甫)　3. 无衣(《诗经》)　4. 无题(唐 李商隐)　5. 念奴娇·赤壁怀古(宋 苏轼)　6. 咏煤炭(明 于谦)　7. 破阵子(宋 辛弃疾)　8. 沁园春·长沙(毛泽东)　9. 酬乐天扬州初逢席上见赠(唐 刘禹锡)　10. 黄鹤楼(唐 崔颢)
	替换(课外)：1.　　　　　　　　　　　　2.
十二级 (120首)	1. 行路难·其一(唐 李白)　2. 春江花月夜(节选)(唐 张若虚)　3. 关山月(唐 李白)　4. 使至塞上(唐 王维)　5. 登快阁(宋 黄庭坚)　6. 南乡子·登京口北固亭有怀(宋 辛弃疾)　7. 琵琶行(节选)(唐 白居易)　8. 满江红·怒发冲冠(宋 岳飞)　9. 青玉案·元夕(宋 辛弃疾)　10. 诉衷情(唐 陆游)
	替换(课外)：1.　　　　　　　　　　　　2.
本人申请诗词背诵等级：(　　　)级 签字：	

家长意见	语文教师意见	考官考核意见
签字：	签字：	签字：

(二)"枫杨诗词"考级评价

1. 考核评审标准。普通话吟诵，正确、流利。吟诵必须完整(题目、诗人、朝代)。一次考级中允许提示一次(只能提示诗句的第一个字)。

2. 奖励办法。考级成功的同学，将获得由学校颁发的考级奖章(或证书)。达四级的同学授予"诗词小学士"称号，达八级的同学授予"诗词小硕士"称号，达十二级的同学授予"诗词小博士"称号。

综上所述，"臻美语文"是我们共同的课程教学追求。在"臻美语文"的旗帜下，我们教师要敢于以文本为基点,辐射课堂的语文教学,课外的语文活动和社会的语文生活,构建完整的语文课程教学形态,实现由学生主体参与的"大语文"教学体系,使语文课程成为一门关爱学生生命发展的母语课程,真正做到学语文,用语文,爱语文。

（执笔人：肖志清、涂鸿敏、钟招兰、郭灵、胡蓓、李琳、熊琳）

第七章

语文是民族
文化的负载

"没有文化,便没有人。"语文是人的言语、精神生命的绽放,是人的自我实现。只有这样认识语文,语文教育才有生命活力和内生动力,才是培养大写的"人"。基于"人",为了"人"是真正的语文教学价值。"没有离开文化的独立的人性",语文就是要培养丰富的人性,培养完善的人。"大美语文",让孩子在语言的国度中收获审美,享受阅读,感受传统文化的博大精深之美,培养具有丰富的人性而又力求完善自己的"人性"的人。

➡ 构建"大美语文" 助力梦想起航

　　南昌市东湖小学语文中心组,现有教师 23 人,其中中小学一级教师 19 人,南昌市学科带头人 1 人,市骨干教师 1 人,区学科带头人 1 人,成立了"李芸芳名师工作室"。南昌市东湖小学语文中心组秉承"大美语文"的课程理念,积极发挥各年级语文学科备课组的集体智慧,在专题学习、听课研讨及丰富多彩的教研活动中积极探索,以"让梦想成为一种动力,让翱翔成为一种能力,让创新成为一种自觉"为育人目标,尊重小学语文教学规律,让孩子们在享受"大美语文"的过程中充分积累语文、欣赏文化、丰富情感、学会鉴赏,让语文学习为孩子们成长为"翔梦少年"助力。

第一节　深剖文化内涵　体悟大美语文

一、学科价值观

　　语文课程是一门学习语言文字运用的综合性、实践性课程。义务教育阶段的语文课程,应使学生初步学会运用祖国语言文字进行交流沟通,吸收古今中外优秀文化,提高自身文化修养,促进自身精神成长。工具性与人文性的统一是语文课程的基本特点。

　　工具性是语文用于人际交流具有维持社会联系的实用功能和中介作用,语文是思维的工具,人类交际的工具,还是学好其他学科的工具,正如叶圣陶先生所言:"语文是工具,自然科学方面的天文、地理、生物、数、理、化,社会科学方面的文、史、哲,学习、表达和交流都要使用这个工具。"这说明了语文学科所独有的学习与工作的基础工具的特征。人文性就是人与文化,它包含着情感、尊严、理想、意志和思想观念等等,主要表现在完美人格和培养审美情趣两个方面。

　　语文的"工具性"和"人文性"既内涵不同、相对独立又相互融合、相辅相成,是一个统一的整体,密不可分。我们的理解是工具性是人文性的载体,体现着人文性；人文性是工具性的灵魂，主导着工具性。这是当前课程改革的基本理念，有利于课程目标的展开和实施。

　　基于语文学科的这一特点，面向未来的教育，我们必须对语文课程进行变革，必须重新理解教育，更新课堂，把重点由"教"转向"育"，我们语文老师应该把最经典的文学作品呈现给学生，要给学生开放的教学活动，并在学生传承文化和精神的学习过程中激扬他们的梦想，引领他们在最美的文字中体会美好的情感，提升阅读的能力。

二、学科课程理念

　　近年来，学校大力推进"师生共读"，全校师生在亲近美文经典的系列活动中丰厚积淀，涌现出一大批爱阅读、爱积累的老师和学生。2018年，我校被南昌市教科所确定为"阅读课程"推进试点校，"江西少年诗词大会"掀起校园诗词高潮，学校获得江西省教研室颁发的"优秀单位"组织奖，高知远、林小寒等多名同学在省市诗词大赛中所取得的骄人成绩都为我校实施"大美语文"奠定了基础。所谓"大美语文"，就是让孩子在语言的国度中收获审美，享受阅读，感受传统文化的博大精深之美。

　　——"大美语文"坚信语文学习的内容是美的。语言本身是美的，母语音形义的美感，不同语言形式的变化，文学作品的审美价值都是学习语文的重要内容。书法艺术是最美的艺术，古诗词吟诵的音韵，对仗工整的形式，家国情怀等美好情感的表达都是语文学习的内容。语文内容的独特之美传承了几千年的华夏文明。

　　——"大美语文"坚信语文学习的过程是美的。语文学习就是追求美的过程。我们在语文教学中既要讲究教学的语言美，探求学习的方式美，同时又要讲究师生之间关系的和谐美。我们要让学生陶醉在语文学习的过程之中，享受语文学习，让他们从内心深处感受到学习语文是一件多么美好的事情。

　　——"大美语文"坚信阅读的过程是美的。亲近阅读的孩子会在语文课堂中发现更多语言的美，收获更多独特的感悟。2018年，我校举办的读书节活动主题就是"悦读悦美"。我们提炼的"大美语文"就是有这样文化感的语文，抵达师生心灵深处的语文，最大限度地帮助学生提升语言能力，从语文学习活动中提高修养，引导学生向美前行。

根据语文课程性质观和价值观,我们的"大美语文"倡导在生活中学习语文,在语文中感受生活;倡导重情性、重意会、重简约、重自悟;倡导将诗情画意浸润到课堂中,融入到学生的精神世界里。所以,我们的"大美语文"注重学生的精神享受过程,是为培养学生的美好精神服务的课程。

我们语文学科的课程建设的实施思路是以阅读为抓手,通过提升阅读课堂教学品质、课内外阅读书目规划、师生共读、创编课本剧等学习形式提升语文阅读和写作能力,构建高品质的阅读生活、写作生活,我们所追求的语文课程的核心观点就是"大美语文"。

第二节　弘扬文化精髓　传承大美语文

《义务教育语文课程标准(2011版)》指出:"语文课程致力于培养学生的语言文字运用能力,提升学生的综合素养,为学好其他课程打下基础;为学生形成正确的世界观、人生观、价值观打下基础;为学生的全面发展和终身发展打下基础。语文课程对继承和弘扬中华民族优秀文化传统和革命传统,增强民族文化认同感,增强民族凝聚力和创造力,具有不可替代的优势。"所以,我们的语文课程应该让着力激发和培养学生热爱祖国语言文字,引导学生丰富语言积累,增强语文学习的自信心,初步掌握学习语文的基本方法,养成良好的语文学习习惯,让每一个学生获得基本的语文素养,同时逐步形成积极的人生态度和正确的世界观、价值观。

我们将通过大量的阅读来熏陶感染学生的精神世界,我们的学生应该具有独立阅读的能力和思考能力,会运用多种阅读方法,能运用常见的表达方式写作,有日常口语交际的基本能力,会倾听、会表达、会交流,在此基础上逐步形成健全的人格、良好的个性和优秀的习惯。我们构建的"大美语文",将开展形式多样的阅读活动,提供阅读资源,搭建展示平台,助力梦想起航。①

---

① 胡建平,江静.小学语文拓展阅读教学的开展探究[A].《教师教育能力建设研究》科研成果汇编(第九卷)[C].2018.

一、学科课程总体目标

依据《义务教育语文课程标准(2011版)》，从"语文素养"这一核心概念出发，我校语文课程目标体系将分为显性课程目标和隐形课程目标。其中显性课程目标分为五部分，包括"识字与写字"、"阅读"、"写作"、"口语交际"和"综合性学习"。语文课程的隐性目标包括五部分，即"阅读能力"、"思维品质"、"表达能力"、"审美情趣"和"道德情操"。

(一) 语文显性课程目标

1. 识字与写字。识字和写字是阅读和习作的基础，是第一学段的教学重点，也是贯穿整个义务教育阶段的重要教学内容。整个小学阶段要求学生累计认识常用汉字3 000个左右，其中2 500个会写。

低段侧重要求学生掌握汉字的基本笔画和常用的偏旁部首，能按笔画顺序用硬笔写字，注意间架结构，初步感受汉字的形体美；中高段侧重要求学生对学习汉字有浓厚的兴趣，有独立识字写字的能力，写字姿势正确，有良好的书写习惯。语文课程目标要求学生学会汉语拼音，能说普通话。就低年级学生而言，要求能够读准声母、韵母、声调和整体认读音节，熟记《汉语拼音字母表》。

2. 阅读。阅读是运用语言文字获取信息、认识世界、发展思维、获得审美体验的重要途径。阅读是学生丰富精神世界的最好途径，所以，学生要具有独立阅读的能力，学会运用多种阅读方法，广泛阅读有益于身心健康发展的书籍，以达到丰富的积累，获得深刻的情感体验。

低段阅读侧重让孩子喜欢阅读，感受阅读的乐趣。阅读浅近的寓言故事、童话故事，向往美好的情境，关心自然和生命，对感兴趣的人和事有自己的想法，并乐于与人交流；诵读儿歌、儿童诗、浅近的古诗，展开想象，感受语言的优美。中段要求学生学会默读，不指读。能初步把握文章的主要内容，体会文章表达的思想感情，能复述叙事性作品的大意，初步感受作品中优美的语言和生动的人物形象，关心作品中人物的命运和喜怒哀乐，愿意与他人交流自己的阅读感受。高段要求学生默读有一定的速度，每分钟不少于300字。能联系上下文和自己的积累，理解文中有关词语的意思，辨别词语的感情色彩，体会其表达效果。在交流和讨论中，敢于提出自己的看法，做出自己的判断。学会浏览。

3. 写作。写作是运用语言文字进行表达和交流的重要方式，是认识世界、认识自我、创造性表述的过程。写作能力是语文素养的综合体现。为了降低学生写作起始阶段的难度，让学生始终保持写作的兴趣和自信心，我们从"写话"入手，写片段和小短文过渡，到最后"写作"。在写作教学中，应注重培养学生仔细观察、认真思考、善于表达和积极创新的能力，要求学生表达真情实感。

4. 口语交际。口语交际是听和说双方的互动过程，口语交际能力是学生文明和谐地进行人际交流的素养。我们的教学活动应选择贴近学生学习和生活的话题，在具体的交际情境中进行，要采用灵活的形式组织教学，让学生乐于交际并懂得如何交际。

5. 综合性学习。综合性学习主要体现为语文知识的综合运用、听说读写能力的整体发展，以及与其他课程的沟通、与生活实践的紧密结合等等。综合性学习应突出学生的自主性，重视学生的参与热情、合作精神。

(二) 语文隐性课程目标

我们认为，语文学科核心素养包括能力和品格两方面。学科能力应该包括阅读能力、思维品质、表达能力、审美情趣和道德情操。我们既注重培养学生的语感、学习方法、学习习惯，同时也把正确的价值观、科学的思维方式和良好的品格看成是学生的三大核心素养。

语文学习习惯是在长时间的学习过程中养成的一种学习行为和心理倾向，一旦形成就不容易改变。学习方法与习惯既是语文素养的重要组成部分，又是学习的原动力。我们的隐性课程就是想通过优秀文化的熏陶感染，促进学生和谐发展，提高学生的思想道德修养和审美情趣，逐步形成良好的个性和健全的人格。[1]

1. 阅读能力。学生时代是阅读的黄金时代，学生能通过与文本的对话感受文字的魅力，能在语言文字中获取信息、认识世界、发展思维、获得审美体验。我们提倡海量阅读，注重阅读品味，鼓励学生阅读经典作品、优秀作品，并通过开展丰富多

---

[1] 傅登顺.方法与习惯：语文素养核心概念的自然回归[J].太原：教学与管理,2009(29).

彩的阅读活动为学生提供展示的平台和交流的机会,营造良好的读书氛围,激发他们的阅读兴趣。

2. 思维品质。任何学科都要培养思维能力和思维品质,而所有学科在培养思维能力时都要以语言为载体,语言不仅是思维的工具,还是思维的直接显示和外化形式。在小学阶段,我们不但要引导学生在阅读、表达、交流等听说读写实践活动中培养语文思维,还要培养他们能运用想象与联想等方法,形成对客观事物的初步感知以及对语言和文学形象的初步判断,能通过概括、比较等方法,培养思维的灵活性、深刻性、批判性和创造性。语文教育的发展功能关键是思维品质的发展。课标指出,在发展语言能力的同时,发展思维能力,学习科学的思维方法,逐步养成实事求是、崇尚真知的科学态度。我们的理解是只有语言、思维、情感同时发展,才能更好地促进个人智力的发展。

3. 表达能力。表达能力是指一个人把自己的思想、情感、想法和意图等用语言、文字、图形、表情和动作等清晰明确地表达出来,让他人能够理解、体会。就这一课程目标而言,我们着力于学生的文字表达能力和口头表达能力的培养。表达能力需要智慧、知识和文化修养,更需要有诸如演讲会、辩论会、讨论会、街头宣传等实践的舞台,我们将不遗余力,科学合理地规划,循序渐进,让每个学生都具有敢于表达、乐于表达、能够表达的能力。①

4. 审美情趣。语文学习离不开“美”的品味和鉴赏。语文课程的本质要素之一是言语形式之美,我们的目标是让每一位学生在言语形式中养成有创造性和有特色的言语表达能力,能用美妙的、有智慧的言语形式去创造独特的审美价值,给人带来愉悦的审美享受。我们将在隐性课程中指导学生在文学作品的鉴赏活动中感受世界的美丽万象和人生的多姿多彩,在字里行间积累优美的语言、积淀丰富的审美体验、陶冶情操、涵养心灵;同时,我们还要倡导学生们了解中华文化的博大精深,汲取民族文化智慧,感受传统文化的魅力,传承民族文化的精神,成为一个有高尚的审美情趣的人。②

5. 道德情操。语文课程是为了帮助学生形成正确的世界观、人生观、价值观,

① 谢芳.中美高尔夫管理专业本科课程设置的比较研究[D].北京体育大学硕士学位论文,2006.
② 陈燕玲.在审美体验中观照自我[J].厦门教育学院学报,2004(04).

是为了他们形成良好的个性和健全的人格打基础的,也是为学生的全面发展和终身发展服务的,当学生拥有了良好的道德情操也就达到了我们教育的终极目标。①

二、学科课程年级目标

我们依据学校实际,制定了"大美语文"分年级的课程目标,详见表7-1。

表7-1　"大美语文"课程年级目标表

	识字与写字	阅　读	写　作	口语交际	综合性学习
一年级	1. 学会汉语拼音,能读准声母、韵母、声调和整体认读音节。 2. 认识常用汉字1600个左右,其中800个左右会写。	1. 通过阅读经典绘本和古诗词,提高学生的阅读兴趣,感受语言之美。 2. 诵读儿歌、儿童诗和浅近的古诗词,展开想象,获得初步的情感体验,感受语言的优美。	对写话有兴趣,留心观察周围事物,写自己想说的话,写想象中的事物。	认真听别人讲话,能讲述小故事。	对周围事物有好奇心,能对感兴趣的内容提出问题,结合课内外阅读共同探讨。
二年级	掌握400个左右汉字的基本笔画和常用的偏旁部首,能借助汉语拼音认读汉字,学会查字典。	1. 结合上下文和生活实际理解课文中词句的意思,在阅读中积累词语。 2. 阅读浅近的童话故事,向往美好的情感,对感兴趣的人物和事物有自己的感受和想法,并乐于与他人交流。	认识常用标点符号,并能运用不同的标点符号表达不同的语气和情感。	能较完整地讲述小故事,能简要讲述自己感兴趣的情节。	积极参加校园和社区活动,能口头或用图文等方式表达自己的见闻和想法。

---

① 傅登顺.方法与习惯：语文素养核心概念的自然回归[J].教学与管理,2009(29).

续　表

	识字与写字	阅　　读	写　　作	口语交际	综合性学习
三年级	对学习汉字有浓厚的兴趣,养成主动识字的习惯。	诵读优秀古诗词,注重在诵读过程中体验情感,展开想象,领略诗文大意。	1. 乐于书面表达,增强习作的自信心,愿意与他人分享写作的快乐。 2. 能用简短的书信、便条进行交流。	1. 能用普通话交谈,学会认真倾听。 2. 能提出学习和生活中的问题,并有目的地搜集资料,共同探讨。	观察大自然,观察社会,用书面或口头方式表达自己的观察所得。
四年级	能使用硬笔熟练地书写正楷字,做到规范、端正、整洁。学习用毛笔临摹正楷字帖。	能复述叙事性作品的大意,初步感受作品中生动的人物形象和优美的语言,关心作品中人物的命运和喜怒哀乐,与他人交流自己的阅读感受。	正确使用冒号、引号等标点符号,学习修改习作。	1. 能把握他人说话的主要内容并能简要转述。 2. 能清楚地讲见闻,说感受。	在家庭生活和学校生活中主动尝试运用语文知识和能力解决简单问题。
五年级	有较强的独立识字能力,累计认识常用汉字1 500个左右,其中1 200个左右会写。	1. 在阅读中了解文章的表达顺序,体会作者的思想感情,初步领悟文章的基本表达方法,在交流和讨论中敢于提出看法,做出自己的判断。 2. 诵读优秀古诗词,能通过语调、音韵、节奏等体会作品的内容和情感。	能写简单的记实作文和想象作文,内容具体,感情真挚,会分段表述。学写读书笔记,学写常见的应用文。	能根据对象和场合稍作准备,作简单的发言。	对大家关注的问题,或电视电影中的故事和人物形象组织讨论、专题演讲,学习辨别是非、善恶、美丑。

续　表

	识字与写字	阅　　读	写　　作	口语交际	综合性学习
六年级	硬笔书写楷书，行款整齐，美观，有一定的速度。	阅读经典名著，表达阅读感受，交流阅读心得，表演经典剧情。	习作有一定的速度，做到语句通顺，行款正确，书写规范，能正确使用标点符号。	表达有条理，语调适当，抵制不文明的语言。	利用图书馆、网络等信息渠道获取资料解决学习和生活有关的问题，尝试写简单的研究报告。

三、学科课程各年级人文主题和语文要素

详见表 7-2。

表 7-2　"大美语文"年级人文主题和语文要素表

年级	册次	单　元	人 文 主 题	语 文 要 素
一年级	上	我上学了	角色转换，适应新的学习环境	接触基本的语文学习活动，产生学习兴趣。
		第一单元	识字单元一	在有趣的情境中认识象形字，感受汉语的音韵特点。
		第二单元	拼音单元一	韵母、声母、整体认读音节，拼读练习。
		第三单元	拼音单元二	复韵母、鼻韵母、整体认读音节，拼读练习。
		第四单元	自然、四季	正确、流利地朗读课文。
		第五单元	识字单元二	初步认识会意字、形声字，了解汉字偏旁表义的构字规律。
		第六单元	想象	把课文读正确、读通顺，初步建立句子的概念。
		第七单元	儿童生活	联系生活实际，理解课文内容。合理搭配"的"字词语。
		第八单元	观察	寻找明显信息。借助图画阅读课文。

续　表

年级	册次	单元	人文主题	语文要素
一年级	下	第一单元	识字单元一	自主识字,主动识字。
		第二单元	心愿	找出明显信息,培养阅读理解能力。
		第三单元	伙伴	联系上下文了解词语意思。词句的积累和运用。分角色朗读对话。
		第四单元	家人	读好长句子。积累词语和古诗。根据信息做简单推断并联系生活实际进行表达。
		第五单元	识字单元二	学习运用形声字的构字规律来识字。
		第六单元	夏天	联系生活实际了解词语的意思。仿说仿写句子。读好问句和感叹句。
		第七单元	习惯	根据信息作简单推断。读好疑问句和祈使句的语气。
		第八单元	问号	借助图画阅读课文。读好多个角色的对话。
二年级	上	第一单元	自然的秘密	积累并运用表示动作的词。
		第二单元	识字单元	自主识字,自主阅读。
		第三单元	儿童生活	读课文,说出自己的感受和想法。
		第四单元	家乡	联系上下文了解词句的意思。
		第五单元	思维办法	初步体会课文讲述的道理
		第六单元	伟人	借助词句,了解课文内容。
		第七单元	想象	展开想象,获得初步的情感体验。
		第八单元	相处	借助提示,复述课文。
二年级	下	第一单元	春天	朗读课文,注意语气和重音。
		第二单元	关爱	读句子,想象画面。
		第三单元	传统文字(识字单元)	识字写字。发现偏旁之间的关联。
		第四单元	童心	运用学到的词语把想象的内容写下来。
		第五单元	办法	根据课文内容,谈谈简单看法。
		第六单元	自然	提取主要信息,了解课文内容。

续　表

年级	册次	单元	人文主题	语　文　要　素
二年级	下	第七单元	改变	借助提示讲故事。
		第八单元	世界之初	根据课文内容展开想象。
三年级	上	第一单元	学校生活	阅读时,关注有新鲜感的词语和句子。
		第二单元	金秋时节	运用多种方法理解难懂的词语。
		第三单元	童话世界	感受童话丰富的想象。
		第四单元	策略单元：预测	一边读一边预测,顺着故事情节去猜想。学习预测的一些基本方法。
		第五单元	习作单元：观察	体会作者是怎样留心观察周围事物的。
		第六单元	祖国山河	借助关键语句理解一段话的意思。
		第七单元	我与自然	感受课文生动的语言,积累喜欢的语句。
		第八单元	美好品质	学习带着问题默读,理解课文的意思。
三年级	下	第一单元	动物植物	试着一边读一边想象画面。体会优美生动的语句。
		第二单元	寓言	读寓言故事,明白其中的道理。
		第三单元	综合性学习：传统文化	了解课文是怎么围绕一个意思把一段话写清楚的。
		第四单元	留心观察	借助关键语句概括一段话的大意。
		第五单元	习作单元：想象	走进想象的世界,感受想象的神奇。
		第六单元	童年生活	运用多种方法理解难懂的句子。
		第七单元	大自然的奥秘	了解课文是从哪几个方面把事情写清楚的。
		第八单元	有趣的故事	了解故事的主要内容,复述故事。
四年级	上	第一单元	自然之美	边读边想象画面。感受自然之美。
		第二单元	策略单元：提问	阅读时尝试从不同角度去思考,提出自己的问题。
		第三单元	留心观察	体会文章准确生动的表达,感受作者连续细致的观察。

续　表

年级	册次	单　元	人 文 主 题	语 文 要 素
四年级	上	第四单元	神话故事	了解故事的起因、经过、结果,学习把握文章的主要内容,感受神话中神奇的想象和鲜明的人物形象。
		第五单元	习作单元：把一件事写清楚	了解作者是怎样把事情写清楚的。
		第六单元	童年生活	学习用批注的方法阅读。通过人物的动作、语言、神态,体会人物的心情。
		第七单元	家国情怀	关注主要人物和事件,把握文章的主要内容。
		第八单元	古代故事	了解故事情节,简要复述课文。
四年级	下	第一单元	田园生活	抓住关键词句,初步体会课文表达的思想感情。
		第二单元	科普	阅读时能提出不懂的问题,并试着解决。
		第三单元	与综合性学习结合：现代诗	初步了解现代诗的一些特点,体会诗歌的情感。
		第四单元	动物朋友	体会作家是如何表达对动物的感情的。
		第五单元	习作单元：按游览的顺序写景物	了解课文按一定顺序写景物的方法。
		第六单元	儿童成长	学习怎样把握长文章的主要内容。
		第七单元	人物品质	从人物的语言、动作等描写中感受人物的品质。
		第八单元	中外经典童话	感受童话的奇妙,体会人物真善美的形象。
五年级	上	第一单元	万物有灵	初步了解课文借助具体事物抒发感情的方法。
		第二单元	策略单元：提高阅读速度	学习提高阅读速度的方法。
		第三单元	民间故事	了解课文内容,创造性地复述故事。

年级	册次	单　元	人 文 主 题	语　文　要　素
五年级	上	第四单元	家国之殇	结合查找的资料,体会课文表达的思想感情。
		第五单元	习作单元：介绍事物	阅读简单的说明性文章,了解基本的说明方法。
		第六单元	舐犊之情	注意体会作者描写的场景、细节中蕴含的感情。
		第七单元	四季之美	初步体会课文中静态描写和动态描写。
		第八单元	读书明理	阅读时注意梳理信息,把握内容要点。
五年级	下	第一单元	童年往事	体会课文表达的思想感情。
		第二单元	古典名著之旅	初步学习阅读古典名著的方法。
		第三单元	综合性学习：遨游汉字王国	感受汉字的有趣,了解汉字的文化。学习搜集资料的基本方法。
		第四单元	家国情怀	通过动作、语言、神态的描写,体会人物的内心。
		第五单元	习作单元：描写人物的方法	学习描写人物的基本方法。
		第六单元	思维的火花	了解人物思维过程,加深对课文的理解。
		第七单元	异域风情	体会景物的静态美和动态美。
		第八单元	幽默和风趣	感受课文风趣的语言。
六年级	上	第一单元	触摸自然	阅读时能从所读的内容想开去。
		第二单元	革命岁月	了解课文是怎样点面结合写场面的。
		第三单元	策略单元：有目的地阅读	根据不同的阅读目的,选择恰当的阅读方法。
		第四单元	小说	读小说,关注情节、环境,感受人物形象。
		第五单元	习作单元：围绕中心意思写	体会文章是怎样围绕中心意思来写的。
		第六单元	保护环境	抓住关键句,把握文章的主要观点。
		第七单元	艺术之美	借助语言文字展开想象,体会艺术之美。
		第八单元	走近鲁迅	借助相关资料,理解课文主要内容。

续　表

年级	册次	单元	人文主题	语 文 要 素
六年级	下	第一单元	民风民俗	分清内容的主次,体会作者是如何详写主要部分的。
		第二单元	名国名著	了解梗概,把握名著的主要内容,就印象深刻的人物和情节交流感受。
		第三单元	习作单元:写出真情实感	体会文章是怎样表达真情实感的。
		第四单元	志向与心愿	关注神态、言行的描写,体会人物品质。查阅相关资料,加深对课文的理解。
		第五单元	科学精神	体会用具体事例说明观点的方法。
		第六单元	综合性学习:难忘小学生活	学习整理资料的方法。

第三节　科学设置课程　感受大美语文

　　基于"大美语文"语文学科课程理念,我们的显性课程旨在培养学生终身发展和适应未来社会所需的共同基础。隐性课程主要满足学生的个性化学习需求,培养学生的兴趣爱好,开发学生的潜能,促进学校办学特色的形成。这样的课程架构既兼顾了义务教育阶段对学科教学的要求,又通过隐性课程与个性化课程的补充去挖掘每一个孩子的潜能,培养综合素质的人才,实现有梦想的教育。

一、学科课程结构

　　根据语文学科的课程标准,我们确立了"大美语文"的课程内容。

　　1. 美妙汉字。学习内容为小学阶段要掌握的生字。我们以注重学生识字的兴趣,提高学生识字量为标准,引导学生规范、端正、整洁地书写汉字,保证有效地进行书面交流。同时,指导学生体会和认识民族文化,增强对祖国语言文字的热爱,陶冶学生性情,培养审美能力。

2. 美言美语。以教材中的口语交际为主要内容,也增加一些贴近学生生活的话题和当下热点话题为补充内容,开展朗诵、演讲会、辩论赛、古诗词大赛等活动。旨在培养学生能言善辩、能说会道的口语交际能力,能从各项活动中感受到语言的魅力,收获快乐,同时锻炼学生倾听、表达、转述、交流的能力。

3. 醉美写作。写作是运用语言文字进行表达和交流的重要方式,是认识世界、认识自我、进行创造性表述的过程。我们将引导学生留心观察,热爱生活,亲近自然,关注社会,学会用文字表达自己的想法和真情实感。

4. 悦美阅读。开展经典名著阅读活动,旨在反映阅读教学本质,揭示阅读教学规律,探索在语文课堂中引导学生品读词句,把握结构,对作品中的优秀人物产生敬仰,萌发成为像他们一样优秀的美好愿望。低段以诵读浅近的古诗词和阅读绘本为主,中段以诵读古诗词和阅读儿童类书籍,表演形式为主,高段以阅读经典名著、交流感悟为主。

5. 智行致美。开展形式多样的校内外语文实践活动。此类综合性的活动旨在促进学生听说读写能力的整体发展,加强语文课程和其他课程的沟通,有助于培养学生策划、组织、协调和实施能力以及合作、分享、交流、积极进取等良好的品质,从而提升学生对自然、社会、自我的整体认识。

图7-1　"大美语文"课程结构图

二、学科课程设置

我们的课程按年级来设置，每个年级按照上学期和下学期来制定内容，如表 7-3。

表 7-3 "大美语文"学科课程设置表

内容 年级		写字识字	阅读品味		口语交际	写作表达	综合性 学习
一年级	上学期	拼音王国探险	《三字经》节选	绘本阅读	自我介绍	你说我写	课外识字本
	下学期	一课一儿歌	古诗十五首	童诗润童心	津津乐道		我手绘我心
二年级	上学期	攻克查字典	《声律启蒙》节选	童话阅读	我是故事大王	绘本创作	认识商品名称
	下学期	识字大擂台	古诗十五首	儿童故事会	有趣的动物		认识公交站牌
三年级	上学期	趣味字谜	《大学》	神话与传说	配音秀	观察日记	成语故事会
	下学期	硬笔书法	古诗十五首	诗情画意	星播客		重阳端午献爱心
四年级	上学期	汉字六书	《笠翁对韵》节选	话说三国（上）	妙"语"天下	读书感悟	悦美课本剧社
	下学期	墨香书法	古诗二十首	话说三国（下）	帮他出主意		古韵春联
五年级	上学期	归类结构字	《论语》节选	论水浒英雄（上）	开讲啦	佳作有约	悦美文学社
	下学期	初识字理学	古诗二十首	论水浒英雄（下）	畅所欲言		星光大道

内容\年级		写字识字	阅读品味		口语交际	写作表达	综合性学习
六年级	上学期	汉字听写大赛（初赛/复赛）	古词选诵十五首	漫话西游（上）	"辩"幻莫测	我的第一本作文集	我的成长足迹
	下学期	汉字听写大赛（决赛）	古文选诵十五篇	漫话西游（下）	金话筒		我的毕业游学

　　以上课程设置，充分考虑到学生的年龄特点、兴趣爱好，力求体现多样性、阶梯性，满足每一位学生的学习需求、成长需求，力争让孩子们在形式多样的活动中感受到语文的"大美"，获得语言能力和审美情趣的双重发展。

　　注：各年级课外阅读、听吧、经典诵读（经典剧展演）、诗词大会等特色课程要保留。

第四节　搭建展示平台　助力大美语文

　　语文学科课程具有隐形性，在学校"翔梦岛"课程结构指导下，我们语文课程以"构建'大美语文'，助力梦想起航"为学习目标，以把学生培养成"有梦想、有主见、有情趣、有行动"的"翔梦少年"为育人目标，在原有课程的基础上，进行了课堂教学文化的重新调整，教学目标更加饱满，教学内容更加丰富，教师的教让位于学生的学，评价点落在学生在课堂上的生长；同时我们还通过形式多样的拓展课程来激扬儿童的梦想，让梦想引领儿童健康成长的教育，在听说读写的训练中培养孩子拥有追逐梦想、实现梦想的能力，而我们每一位教师都将成为学生课程资源的设计者。

　　语文学科课程应创设彰显语文特色的育人环境，本着知识性、实践性、趣味性、地方性的原则，开展有声有色的语文实践活动、校本课程，拓展学生语文学习的新时空，从而培养学生的语文能力，提高学生的语文素养，激发学生的梦想热情。

一、建设"大美课堂",丰富拓展课程

(一) 我们语文学科创设的"大美课堂"是方法多样的课堂,是自我实现的课堂

在丰富多彩的"翔梦岛"课程体系中,通过听说读写的活动,让每一个学生都能找到自己的兴趣和需求所在,都能有所习得,在各自的能力水平上得到提升,体验自我实现的成就感、荣誉感。

我们语文学科创设的"大美课堂"是鼓励引导的课堂,是生动灵活的课堂。我们尊重孩子的生命和需要,还原孩子的天性,改变传统的教育理念、教学形式和教学方法,从注重研究教师怎样"教"转到研究学生怎样"学"上来,让学生真正成为学习的主体、交流的核心,体会到学习的乐趣所在。

我们语文学科创设的"大美课堂"还是激活动力的课堂。形式多样的课内外教程能增强学生学习的自信心,缓解学生的学习压力,感受学习的快乐,让学生真正成为学习的主人。

(二) "大美课堂"的实施和评价

"大美课堂"向 40 分钟要效率,通过深入课堂,常态观课,参加骏马杯、园丁杯课堂教学展评,组织新教学方式优质课,制作微课,开展经验分享等活动践行"大美课堂"。课堂评价从是否具有"求真、创意"的课堂理念、"实证、全面"的教学设计、"现代、实效"的教学方式、"学思结合"的教学过程和"活跃和谐"的教学状态五个方面进行。

表 7-4　教师评价表

评价项目	评　价　要　点	评价	
		权重	得分
教学目标	1. 符合课标理念,能够做到以生为本。	5	
	2. 体现"诗意语文"的特色。	5	
	3. 贴合实际,表述准确。	5	
教学内容	1. 适合学生的发展需求,有利于培养学生对于语文的兴趣。	5	
	2. 有利于全面提高学生的语文素养。	5	
	3. 积淀文学素养并学会应用。	5	
	4. 准确把握教学重点、难点。	5	

续　表

评价项目	评　价　要　点	评价 权重	评价 得分
教学过程	1. 教学思路清晰，重点突出，结构合理，层次清楚。	3	
	2. 面向全体学生，关注个体差异。	5	
	3. 课堂生动有活力，能够激发学生兴趣，提高学生积极性。	3	
	4. 以学生为主体，教师为主导。	3	
	5. 利用现代化信息技术，课堂形式多样。	3	
教学方法	1. 教学方法灵活多变，具有启发性。	3	
	2. 情境创设有吸引力，问题设计严谨、合理。	4	
	3. 注重学生情感和三观的培养。	3	
	4. 课堂评价多样、到位、有激励性。	5	
	5. 肯定学生，激发学生学习积极性。	3	
教学效果	1. 学生能够正确理解语言文字并学会运用。	5	
	2. 全面达到教学目标，完成教学任务。	5	
	3. 学生课堂表现积极，有浓厚的学习兴趣。	5	
教师素质	1. 教态自然，语言准确，举止规范，板书美观。	5	
	2. 能够灵活处理课堂上所发生的相关事宜。	5	
	3. 具有一定的素养，不过分指责呵斥学生，保护学生自尊心。	5	
合计			

表 7 - 5　学生评论表

评价项目	评　价　要　点	自　评	互　评	师　评
课堂听讲	学习态度认真，上课听讲专注。			
课堂纪律	课堂纪律良好，不做小动作。			
课堂参与	回答问题积极，积极参与小组讨论。			
合作互助	团结同学，积极合作完成小组任务。			
作业完成	作业干净工整，保质保量。			

续　表

评价项目	评　价　要　点	自　评	互　评	师　评
思维拓展	能够举一反三,灵活运用。			
乐于分享	学习态度积极,乐于分享知识进行分享。			

二、构建"大美学科",优化课程体系

"大美学科"旨在通过学科课程来确定课程与学校育人目标之间的相互呼应,分析课程对育人目标的达成支持度,优化课程体系,通过聚焦目标、构建链条、组合搭配、整合优化四个步骤构建学科课程群。

(一)"大美学科"的建设路径

根据语文学科师资力量,倡导教师在国家课程校本化实施的基础上总结经验,以语文学科为原点,设计语文学科特色"1+X"课程群。"1"是教师所教授的国家基础性课程,"X"是指教师根据国家课程开展的拓展性课程,是基础性课程的延伸。我们的语文不仅要把大美的文化弥漫到教学的课堂上,还要把它播撒进学生的心灵中,融进学生的世界中。

(二)"大美学科"课程群主要内容(见表7-3)

为了保证其有效实施,应具有以下几项标准:

1. 课程理念内涵丰盈。学科课程理念指向清晰,与学校教育理念保持一致,并具有其学科特色,内涵丰盈,指向清晰。

2. 课程目标指向清晰。学科课程群目标指向应依据学科课程标准及学校育人目标,基于学校实际,应将目标定位高于学科课程标准。

3. 课程内容丰富多维。学科课程群除规定的国家课程之外,拓展类课程应丰富多彩,以学生需求为主,为学生的全面发展搭建平台。

4. 课程实施科学高效。课程实施方法得当,措施有力,充分体现学生的主体地位,有利于学生兴趣的激发。教师教学效率高,教学效果好。

5. 课程评价规范全面。课程评价做到多元、全面。结合过程性评价和终结性评价,发挥评价的诊断和激励功能,对学生学习情况进行整体评价。

表7-6　"大美学科"课程评价表

A级指标	B级指标	评 估 标 准	评 估 方 式	权重	得分
课程理念	课程理念	课程彰显学科课程特色,特色鲜明。	查看课程方案	10%	
	课程哲学	课程哲学与学校教育哲学相一致。		10%	
课程目标	课程总目标	总目标指向清晰,高于学科课程标准,与核心素养相对应。	查看课程方案	10%	
	分年级目标	年级目标与学生年龄特点相符合,设定科学、可行,具有层次性。	查看语文课程方案、语文学科课程纲要	10%	
课程内容	整体设置	课程内容丰富,整体设置具有逻辑性,有梯度,有难度。与课程目标相一致,暗含课程目标,内容与学生生活实际相结合。	查看语文学科课程纲要	10%	
	教材资源	教材准备充分,适合学生学习,资源丰盈,形式多样。	查看语文学科教材	5%	
课程实施	课时安排	课时安排合理,有一定的科学性。	查看语文学科课程纲要	5%	
	课堂教学	课程实施方法得当,措施有力,充分体现学生的主体地位,有利于学生兴趣的激发。 组织有序,指导学生运用探究、合作等方法。	入班观课"大美课堂"评价表评价	20%	
	教学效果	学生的知识技能明显提高,学生喜爱程度高。		10%	
课程评价		评价内容具体,措施方法得当,权重明确。	入班观课查看学科课程纲要及学生学业评价档案	10%	

三、创设"大美社团",展示语文风采

学生社团是现代学校建设的重要资源,随着课程内容的不断拓展,学生社团已经发展成为学生自主管理的新型课程,是实施素质教育的重要内容。学生社团在学校校园文化建设中起到了提升层次、构建载体、凝聚学生、群体示范的作用,从而形成学校的品牌项目。我们创设的"大美社团"以"大美语文"为主导,为学生在写字、阅读、口语交际、习作、综合实践五个方面提供展示自己爱好与技能的广阔舞台,分别是墨香社团、红娃戏剧社、小记者社团、红领巾广播站社团。通过这一展示舞台,锻炼学生的身体素质,促进学生身心发展;培养学生的合作精神和竞争意识;丰富学生的知识,尽最大可能地发挥出自己的才智,挖掘自身最大的潜力。

(一)"大美社团"的设立与实施

1. **规范的团队建设。**小社团由兴趣爱好相同的少先队员自发组成。有 5 名以上的学生,有 1 名辅导员。社团小干部由学生民主选举产生,有较为明确的分工。

2. **鲜明的社团章程。**

(1)有名称:社团提倡有特色、有亮点,符合社团特色、富于童趣的社团名称。

(2)有标志:社团的标志由学生自己创立,能够充分鼓舞士气,反映出大家的希望与愿望。

(3)有团训:有一句响亮的团训,突出社团丰富多彩的活动、积极向上的精神面貌。

(4)有要求:章程中要明确规定社团的成员、辅导员的相关职责、活动性质、活动内容等的具体要求。

3. **丰富的社团活动。**

(1)有完整的年度活动计划、活动记录、活动总结。

(2)有固定的活动时间、活动地点。

(3)在开展常规活动的同时,能重视特色活动的开展。

4. 成果展示

在每一次的活动中注意积累各种原始材料(方案、计划、总结、活动片),为日后的展示活动提供充分的保障。

(二)"大美社团"的评价要求

"大美社团"的评价目的和方法等方面应具有全面性、系统性,应按照动态生成、真实情境、多元评价、尊重差异、注重过程、关联结果的基本项开展评价工作。

表7-7 "大美社团"活动评价表

评估内容	评 估 标 准	评 估 方 式	得 分	
			自评	督评
课程规划 30分	社团有规范、健全的组织机构,有活动场所。社团指导教师能够指导学生社团建设。(15分)	访谈学生、查阅资料		
	有社团章程和管理制度,有计划有总结。工作计划任务明确、重点突出、措施得力。工作总结全面具体。(15分)	访谈学生、查阅资料		
课程实施 40分	社团活动常态化、规范化,做到前有计划,后有总结。每学期活动不少于15个课时,过程性资料详实。(20分)	查阅资料,访谈学生		
	社团每学年至少进行1次校内交流展示。(20分)	查阅资料		
课程评价 30分	有固定的招收团员办法,根据社团现状,适时招收团员。社团规模建制不少于10人,每学年至少对团员进行一次评定。(15分)	访谈学生、查阅资料		
	积极参加本社团组织的各项活动,并积极参加各级比赛,取得荣誉表彰。(15分)	访谈学生、查阅资料①		

---

① 共青团上海市委学校部.上海市中学生社团发展报告[J].上海教育科研,2002(07).

四、开展"大美赛事"，找寻兴趣自信

每个学期，我们都将组织各种赛事活动，并颁发奖状和证书，让学生在拓展课程的舞台上发展特性特长，展示风采，找到兴趣和自信。

（一）"大美赛事"课程内容及实施

1. 经典诵读比赛。每年的五月，举行全校范围内的经典诵读的比赛，以班级为单位，所有班级参加，每班作品控制在 5—8 分钟。

2. 规范书写比赛。每年 4 月组织全校范围内的规范书写比赛。一、二年级为古诗，用铅笔书写；三、四年级为经典美文，用钢笔书写；五、六年级为七言古诗，名人名言，用软笔书写。

3. 故事大王比赛。六一前夕，在一、二、三年级组织开展故事大王比赛。比赛先在各班组织推荐的基础上，再参加学校层面的比赛。

4. 戏剧类比赛。六一前夕，在四、五、六年级组织开展戏剧、课本剧比赛。比赛先由年级组织推荐，在此基础上再参加学校层面的比赛。

（二）"大美赛事"课程内容评价

"大美赛事"以各种比赛为课程内容，需要具备详细的比赛规则，对每门赛事课程的评价，我校是从如下方面展开的：

1. 比赛体现"学生是主角"的理念。学生是赛事活动的直接参与者，教师是配角，以孩子的伙伴、朋友、知己的角色参与到赛事活动中去。

2. 比赛具有"公平公正"的规则。每项赛事，都要建立合理的赛事方案，尤其是比赛规则的制定，要有严密的评分系统，避免出现比赛不公正，影响学生比赛成绩的现象。

3. 比赛的效果乐于接受。比赛不能为了成绩而进行，而是要将比赛的内容融入到日常的教学行为中，使学生的技能不断得到提高。

4. 比赛全面关注学生。比赛的结果应全面关注学生，对不同层次学生设定不同层次的标准，以激励原则为主。

表7-8　"大美赛事"课程的设立与实施

课程名称	课　程　内　容	组　织　实　施
写字比赛	以新课标要求掌握的字为主。	低年级每月开设一次写字比赛课,中高年级每两个月开设一次写字比赛,以学生报名为主,老师推荐为辅,统一时间地点进行比赛。
朗诵活动	以经典优秀诗文,包括优秀儿歌儿童诗为主。	每周一次,分年级进行朗诵活动,重在活动过程,重在参与热情。
课本剧表演	以课文和课外推荐阅读书目为主要内容,由学生自导自演,老师适时给出建议。	教师挖掘教学资源,选定课文或片段,然后组织学生踊跃参加,并选出适合的演员,通过2—3周的时间进行演练,最后进行展示。
征文比赛	以观后感、读后感为主,也可写身边人、身边事,抒发自己的感受。	征文内容必须是真实的,文体不限,题目自拟,学校组成特定的老师进行评比。
图文秀	以学生观察感受为主,以图文形式表达自己的内容与思想。	主要在低年级进行,每两周举行一次。优秀图文秀在学校文化长廊展示。

五、举办"大美节日",传承中华文化

中华民族历史悠久,底蕴深厚,丰富的传统节日散发出独特的文化魅力,我们在口语综合实践活动中设置了许多和中华传统节日有关的内容,所以每个节日来临,我们都将举行相关的节日活动。

(一)"大美节日"的主要内容及实施

1. 读书节——悦美阅读

通过开展读书节活动,营造书香满园的氛围,激发学生的读书兴趣,我们的目标是让每一个学生都爱上读书。

活动内容如下:

讲一讲:世界读书日的来历和意义,畅谈读书的美好,对学校举办读书节的建议等等。

读一读:走进图书馆,在书海里享受阅读的快乐。

写一写:写下读书的感受,和同学、家人一起交流读书的收获。

评一评：根据学生的阅读数量和质量评选"悦美学生"并颁奖。

2. 文化节

通过了解节日来历、举办体验节日风俗的活动等形式，使学生在继承传统节日文化的同时还能感受其中所蕴含的民族精神和情感。

"大美节日"课程评价

1. 课程目标的达成度。课程目标应准确，清晰。

2. 课程实施的有效性。课程实施不流于形式，实施形式丰富多彩，有利于提高学生的兴趣。充分和学生生活相结合，具有一定的教育意义。

表 7-9 "大美节日"活动评价表

评 价 内 容	自 评	师 评	平均分
能准确说出节日文化的基本内容(20分)			
能生动有趣地表现节日的民族风情(25分)			
能热情积极地参加节日的活动(30分)			
能践行节日文化，传承节日文化(25分)			

六、学科评价标准

表 7-10　学生阅读品味评价表

评价指标	评 价 等 级 及 分 值				得 分		
	A(分值)	B(分值)	C(分值)	D(分值)	自评	互评	教师评
1. 学期初建立《学期课外阅读计划》，并根据班级学情分阶段有计划地执行。 2. 善于安排和利用时间进行阅读，每天能坚持阅读课外书20分钟以上。 3. 建立《课外阅读登记卡》，及时记录阅读情况。	1. 能完全符合左边3项指标或符合第2、3项指标者达优秀。	2. 符合第1、3项指标，每周能有5天以上坚持课外阅读者达良好。	3. 符合第1、3项指标，每周能有3天以上坚持阅读者达合格。	4. 三项都不符合或每周课外阅读时间2天以下者为待合格。			

评 价 指 标	评 价 等 级 及 分 值				得　分		
	A(分值)	B(分值)	C(分值)	D(分值)	自评	互评	教师评
1. 能根据老师的推荐和自己的学习需要选择合适的课外书阅读。 2. 能背诵课标推荐的 70 首古诗词中对应年级的古诗词篇目。 3. 每学期课外阅读总量不少于 25 万字 (读物中包含整本的书),平均每周阅读量 1.5 万字左右。	1. 符合 3 项指标者达优秀。	2. 符合第 1、2 项,第 3 项基本符合者达良好。	3. 符合第 2、3 项,第 1 项不符合者为合格。	4. 三项都不符合者评为待合格。			
1. 能运用精读、泛读、浏览、速读等多种方法开展课外阅读活动,在读书过程中能认真主动地写批注、摘抄优美句段,写读书笔记。每周坚持至少写一篇读书笔记。 2. 积极参加各种读书交流活动,乐于与他人分享读书感受。 3. 能围绕阅读主题收集、整理各种信息资料,并能辑录成册。	1. 符合左边三项指标者达优秀。	2. 符合第 1、2 项,第 3 项基本符合者达良好。	3. 三项都基本符合者达合格。	4. 三项都不符合者评为待及格。			

表7-11　学生口语交际评价表

评 价 内 容	评 价 等 级											
	自 评				互 评				教 师 评			
	A	B	C	D	A	B	C	D	A	B	C	D
参与活动的态度												
能否认真倾听他人说话												
语言表述能力												
和他人交流能力												
课堂自我调控能力												
课堂实践运用创新能力												
教师综合评价等级												

说明：1. 评价等级中自评、互评、教师评分别在相应等级栏内大"√"。
　　　2. 总评等级分别为 A、B、C、D，由教师填写。

表7-12　学生识字写字评价表

评价领域	评 价 内 容	评 价 等 级											
		自 评				互 评				教 师 评			
		A	B	C	D	A	B	C	D	A	B	C	D
识字	能认读本年段生字												
	有较强的独立识字能力												
	能用查字典的方法去独立识字												
	喜欢汉字,有主动识字的习惯												
写字	掌握汉字基本笔画及偏旁部首												
	按笔画顺序硬笔书写楷书,注意间架结构												
	养成正确的写字姿势和书写习惯,书写端正、整洁、有速度												
	具有日常写字识字的兴趣												

说明：1. 评价等级中自评、互评、教师评分别在相应等级栏内大"√"。
　　　2. 总评等级分别为 A、B、C、D，由教师填写。

表 7－13　学生综合性学评价表

被评小组：				总评：			
评　价　标　准	自　评			他　评			建议
	优秀	进步大	需努力	优秀	进步大	需努力	
团结协作能力							
发现、解决问题能力							
收集处理信息能力							
语文知识综合运用能力							
成果展示与交流能力							

表 7－14　学生写作表达评价表

评价领域	评　价　内　容	评　价　等　级											
		自　评				互　评				总　评			
		A	B	C	D	A	B	C	D	A	B	C	D
一级目标	1. 卷面整洁,格式正确。												
	2. 能正确书写,没有错别字。												
	3. 能把句子意思表达清楚。												
	4. 能正确使用标点符号。												
二级目标	1. 能围绕中心把内容表达清楚。												
	2. 能做到文章层次、段落清晰。												
三级目标	1. 能做到过渡自然、首尾呼应。												
	2. 能运用所学的表达方式,准确、生动地表达内容。												

说明：1. 评价等级中自评、互评、教师评分别在相应等级栏内大"√"。
　　　2. 总评等级分别为 A、B、C、D,由教师填写。

综上所述,我们"大美语文"追求的目标就是要让语文教学充满生命的激情与活力,力求形成自主学习、团结合作、人为渗透、开拓创新的教学特色。我们学科的

价值重在帮助每一位学生拥有一个明确的梦想,树立为心中的梦想而不断努力奋
斗的意识,这就是我们富有"翔梦教育"文化气息的语文课程特色。

(执笔人：石丹、李芸芳)

第八章

语文是精神
生命的内核

语文是与人的心灵和灵魂最接近的学科,它充分关注受教育者的生命成长。对生命的关注
和关怀,是语文教学始终如一的发展方向。语文不但要从阅读上找到和人的生命状态相契
合的内容,更要在社会生活实践中去体验世界的活力、丰富和美,让个体生命呈现独特有内
涵的价值,更加懂得生命的可贵和崇高,更能理解、尊重和珍惜生命,更能悲悯、宽容和善待
自然、人、事,也包括自己。"漫味语文"链接教材、链接生活、链接活动以及一切可能的要素,
构成丰富的语文世界,涵养浸润每一个生命。

➡ 漫味语文：
在烂"漫"丰富中炼修养塑人格

　　南昌市城北学校语文教研组现有 24 名教师,其中中小学一级教师 15 人,区学科带头教师 4 人,教学新秀 2 人,其中 1 人担任书记,2 人担任副校长,6 人担任教研组长,师资队伍优良,结构合理。全体语文教师深化课程改革,研读《义务教育语文课程标准(2011 年版)》,不断提升语文素养内涵,开展学科课程构建及实践研究。目前,多数语文教师在各级各类教育教学成果中均获得好成绩,并有较强的课题科研能力。以教研组为单位能开展教学研究,充分发挥团队合作的力量,积极参与教育教学课程改革推进工作,语文教学不断精进,各自形成一定的教学风格,课堂教学深受学生喜爱,家长认可,社会赞誉。

第一节　语文修养　对母语价值的精神皈依

一、学科价值观

　　"从没有一门学科像语文那样成为基础课程中的基础,生存工具中的基本工具。不仅惠普众生,还关系到民族素质,国家前途。"① 据此可见,汉语言文字记载着中华民族数千年的古老文化,不仅是基础学科,更关系到上至民族历史文化传承,中至国家当下发展,小至具体的一个人的成长,学习语文的价值是任何学科无法比拟的。② 语文学科具有培养人的性情、塑造人的精神、陶冶人的情感的使命。即语文教育要以人自身为目的而非仅仅是工具手段,促进学生人格发展是语文教育自身发展的必然,也是其真正实现自身价值的必然。

　　《义务教育语文课程标准(2011 年版)》基本理念的第一条是"全面提高学生的

① 褚树荣.教室的革命：语文主题活动新探索[M].杭州：浙江教育出版社,2002.
② 窦桂梅.小学语文主题教学研究[M].北京：人民教育出版,2018.

语文素养",其后紧接着作出如下论述:"九年义务教育阶段的语文课程,必须面向全体学生,使学生获得基本的语文素养。语文课程应激发和培养学生热爱祖国语文的思想感情,引导学生丰富语言积累,培养语感,发展思维,初步掌握学习语文的基本方法,养成良好的学习习惯,具有适应实际生活需要的识字写字能力、阅读能力、写作能力、口语交际能力,正确运用祖国语言文字。语文课程还应通过优秀文化的熏陶感染,促进学生和谐发展,使他们提高思想道德修养和审美情趣,逐步形成良好的个性和健全的人格。"

基于这种认识,我们认为,语文课程的核心价值是:在祖国语言文字的浸润中,获得语文修养,促进精神成长。如何让学生获得听说读写能力修养,以及在语文方面表现出来的文字、文章等学识修养和文风、情趣、价值观等人格修养。我们以打造"漫味语文"为平台,引领学生会写能用好汉字,乐读善写好文章,能听会说好实践,全面提升学生的语文素养。

二、学科课程理念

依据《义务教育语文课程标准(2011年版)》的要求,依据语文学科其自身的特征,结合学生语文学习现状,提出我校语文学科的核心概念为"漫味语文",所谓"漫味语文"即指以烂"漫"丰富的课程炼修养塑人格。

"漫味语文"的"漫"字,《辞海》解释从水,从曼,曼亦声。"曼"意为"延展的"。"水"与"曼"联合起来表示水向四面八方流淌。犹如语文课程链接教材、链接生活、链接活动以及一切可能的要素,从单一课程中走出来,在综合思维的指引下,整合优化多种资源,使学生获得更多的教育内容,更多的实践机会,构成丰富的语文世界涵养浸润每一位学生。

"漫味语文"的"漫"字,又为"烂漫"之意,自然坦率,色彩鲜丽。正如语文学科其自身的特征,它既是语言文字规范的实用工具,又是文化艺术,同时也是用来积累和开拓精神财富的一门学问。当串联起字、词、句、段、篇时,就串联起一个动人的故事,一段难忘的历史,一份厚重的思想与情怀,让学生真正热爱自己的民族语言,自觉传承民族语言的文化,树立文化自信。

语文学科核心素养包括语言建构与运用、思维发展与提升、审美鉴赏与创造、文化传承与理解。由此"漫味语文"学科课程理念特征侧重于儿童立场、深度学习、资源整合及综合素养四个方面。这四个方面侧重的角度不同，前者是立意之根，后两个方面帮助促进意义建构，是实现之途，末者为最终目标，四者形成价值观和语文素养，最终指向儿童的必备品格和关键能力。

　　——"漫味语文"坚严儿童立场。儿童是一群有着独立人格、鲜活灵动的生命个性，从儿童出发寻找适合儿童生长的路径，促进儿童生命的成长。既要呵护每一位儿童的心灵世界与个性生命，又要让儿童进入有趣、有意义的语文生活世界。

　　——"漫味语文"坚持深度学习。有思辨才有深度，思维品质的高低也是衡量语文素养的标志之一。充分结合儿童认知特点，充分挖掘生成，注重高阶思维训练，追求理解、评价、迁移，为学生提供深度思辨和自主创造的思维空间。

　　——"漫味语文"坚垒资源整合。不仅为文本资源，还有儿童自身资源、教师自身资源，甚至环境资源、生活资源和文化资源，密切联系儿童社会生活、情感体验，拓宽学习路径，丰富思考问题视角，让语文课程还原生活，回归生活。

　　——"漫味语文"坚守综合素养。帮助儿童形成学科主题意识，促进儿童语言发展、思维发展、精神丰富，整体提升儿童的语文综合素养，逐步形成儿童的关键能力。建构一个语言能力、思维品质以及语文应用的综合策略与精神价值的"立体"样态。

　　总之，"漫味语文"站在立人为本的人文情怀之上，让学生在"漫"中，尽情玩味语言本身之美，打牢语文基础；让学生在"漫"中，阅读回味文字流淌之美，洋溢才华气质；让学生在"漫"中，细细品味文字构建之美，提升审美涵养；让学生在"漫"中，探求体味学科融合之美，激活深度思辨；让学生在"漫"中，真实况味语文存在之美，实现创生传承。

第二节　匡正方向　以课程标准描目标蓝本

　　《义务教育语文课程标准(2011年版)》中指出："学生是学习的主体。语文课程必须根据学生身心发展和语文学习的特点，爱护学生的好奇心、求知欲，鼓励自主阅读、自由表达,充分激发他们的问题意识和进取精神,关注个体差异和不同的学习需求,积极倡导自主、合作、探究的学习方式。教学内容的确定,教学方法的选择,评价方式的设计,都应有助于这种学习方式的形成。"由此,"漫味语文"尊重学生主体,体现语文学习的内容之广泛,方式之丰富,发展之综合,让学生在学习的过程中既烂漫又拾趣,形成良好的语文素养。

一、学科课程总体目标

依据《义务教育语文课程标准(2011年版)》的要求,并结合我校语文学科课程理念,确立"漫味语文"语文学科总体目标。

1. 在语文学习过程中,培养爱国主义、集体主义、社会主义思想道德和健康的审美情趣,发展个性,培养创新精神和合作精神,逐步形成积极的人生态度和正确的世界观、价值观。

2. 认识中华文化的丰厚博大,汲取民族文化智慧。关心当代文化生活,尊重多样文化,吸收人类优秀文化的营养,提高文化品位。

3. 培育热爱祖国语言文字的情感,增强学习语文的自信心,养成良好的语文学习习惯,初步掌握学习语文的基本方法。

4. 在发展语言能力的同时,发展思维能力,学习科学的思想方法,逐步养成实事求是、崇尚真知的科学态度。

5. 能主动进行探究性学习,激发想象力和创造潜能,在实践中学习和运用语文。

6. 学会汉语拼音。能说普通话。能正确工整地书写汉字,并有一定的速度。

7. 具有独立阅读的能力,学会运用多种阅读方法。有较为丰富的积累和良好的语感,注重情感体验,发展感受和理解的能力。能阅读日常的书报杂志,能初步鉴赏文学作品,丰富自己的精神世界。能借助工具书阅读浅易文言文。

8. 能具体明确、文从字顺地表达自己的见闻、体验和想法。能根据需要,运用常见的表达方式写作,发展书面语言运用能力。

9. 具有日常口语交际的基本能力,学会倾听、表达与交流,初步学会运用口头语言文明地进行人际沟通和社会交往。

　　10. 学会使用常用的语文工具书。初步具备搜集和处理信息的能力,积极尝试运用新技术和多种媒体学习语文。

二、学科课程年段目标

　　在学科课程总体目标的基础之上,结合教材课本、教学参考用书及依据《义务教育语文课程标准(2011年版)》年段目标,一至六年级各学期目标如下:

(一) 一年级上学期目标

　　1. 汉语拼音。学会汉语拼音。能读准声母、韵母、声调和整体认读音节;能准确地拼读音节,正确书写声母、韵母和音节;能借助汉语拼音识字、正音、学说普通话。

　　2. 识字与写字。喜欢学习汉字,有主动识字、写字的愿望;认识常用汉字300个,会写其中的100个;掌握汉字的基本笔画和常用的偏旁部首,能按笔顺规则写字,把字写得正确、端正、整洁;初步养成良好的写字习惯,写字姿势正确;学习独立识字。能借助汉语拼音认读汉字。

　　3. 阅读。喜欢阅读,感受阅读的乐趣。爱护图书;学习用普通话正确、流利地朗读课文;在阅读中积累词语。借助读物中的图画阅读;对读物中感兴趣的内容有自己的感受和想法,乐于与他人交流;诵读儿歌和浅近的古诗,展开想象,获得初步的情感体验,感受语言的优美;认识逗号、句号等常用标点符号。认识自然段;积累古诗和名言警句。主动进行课外阅读。

　　4. 口语交际。学说普通话,逐步养成讲普通话的习惯;能认真听别人讲话;与别人交谈,态度自然大方,有礼貌;有表达的自信心。积极参加讨论,敢于发表自己的意见。

　　5. 综合性学习。对周围事物有好奇心,能就感兴趣的内容提出问题。

(二) 一年级下学期目标

　　1. 识字写字。认识常用汉字400个,会写汉字200个;喜欢学习汉字,有主动识字、写字的愿望;认识大写字母,熟记《汉语拼音字母表》,学习使用音序查字法查字典;掌握汉字的基本笔画、常用偏旁,能按笔顺规则写字,注意间架结构;养成良好的写字习惯,写字姿势正确,书写规范、端正、整洁。

2. 阅读。喜欢阅读,感受阅读的乐趣;用普通话正确、流利地朗读课文;结合上下文和生活实际了解课文中词句的意思,在阅读中积累词语;学习借助读物中的图画阅读;对感兴趣的人物和事件有自己的感受和想法,并乐于与人交流;诵读儿歌、儿童诗和浅近的古诗,展开想象,获得初步的情感体验,感受语言的优美;认识课文中出现的常用标点符号。在阅读中体会句号、问号、感叹号所表达的不同语气。

3. 口语交际。学说普通话,逐步养成说普通话的习惯;能认真听别人讲话,努力了解讲话的主要内容;听故事,能记住并讲述主要内容;与别人交谈,态度自然大方,有礼貌;有表达的自信心,积极参加口语交际。

4. 写话。对写话有兴趣,留心周围事物,写出自己想说的话。

5. 综合性学习。对周围事物有好奇心,能就感兴趣的内容提出问题,结合课内外阅读共同讨论。

(三) 二年级上学期目标

1. 识字与写字。喜欢学习汉字,有主动识字、写字的愿望;认识常用识字 450 个,会写汉字 250 个;注意汉字的间架结构,初步感受汉字的形体美;养成良好的写字习惯,写字姿势正确,书写规范、端正、整洁;学习独立识字。学习使用部首查字法查字典。

2. 阅读。喜欢阅读,感受阅读的乐趣。养成爱护图书的习惯;用普通话正确、流利地朗读课文。学习默读;结合上下文和生活经验了解课文中词句的意思,在阅读中积累词语;对感兴趣的人物和事件有自己的感受和想法,并乐于与人交流;诵读儿歌和浅近的古诗,展开想象,获得初步的情感体验,感受语言的优美;在阅读中体会句号、问号、感叹号所表达的不同语气;积累自己喜欢的成语和格言警句。背诵优秀诗文,课外阅读总量不少于 1 万字。

3. 口语交际。能认真听别人讲话,努力了解讲话的内容;能较完整地讲述小故事,能简要讲述自己感兴趣的见闻;与别人交谈态度自然大方,有礼貌;有表达的自信心。积极参加讨论,敢于发表自己的意见。

4. 写话。对写话有兴趣,留心周围事物,写自己想说的话,写想象中的事物;在写话中乐于运用阅读和生活中学到的词语;根据表达的需要,学习使用逗号、句号、问号、感叹号。

5. 综合性学习。结合语文学习,观察大自然,用口头或图文等方式表达自己的观察所得。

(四) 二年级下学期目标

1. 识字与写字。喜欢学习汉字,有主动识字、写字的愿望;认识常用汉字 450 个,会写汉字 250 个;注意汉字的间架结构,初步感受汉字的形体美;养成良好的写字习惯,写字姿势正确,书写规范、端正、整洁;学习独立识字。继续学习使用部首查字法查字典。

2. 阅读。喜欢阅读,感受阅读的乐趣。养成爱护图书的习惯;用普通话正确、流利地朗读课文。继续学习默读;结合上下文和生活实际了解课文中词句的意思,在阅读中积累词语;阅读浅近的童话、寓言、故事,对感兴趣的人物和事件有自己的感受和想法,并乐于与人交流;诵读儿歌、儿童诗和浅近的古诗,展开想象,获得初步的情感体验,感受语言的优美;在阅读中体会句号、问号、感叹号所表达的不同语气;积累自己喜欢的成语和格言警句。背诵优秀诗文,课外阅读总量不少于 2 万字。

3. 口语交际。能认真听别人讲话,努力了解讲话的主要内容;能较完整地讲述小故事,能简要讲述自己感兴趣的见闻;与别人交谈态度自然大方,有礼貌;有表达的自信心。积极参加讨论,敢于发表自己的意见。

4. 写话。对写话有兴趣,留心周围事物,写自己想说的话,写想象中的事物;在写话中乐于运用阅读和生活中学到的词语;根据表达的需要,学习使用逗号、句号、问号、感叹号。

5. 综合性学习。热心参加校园内外活动,结合活动,用口头或图文等方式表达自己的见闻和想法。

（五）三年级上学期目标

1. 识字写字。认识 200 个字，会写 300 个字。累计认识 2 000 个字，会写 1 300 个字。会使用字典，学习使用词典，有初步的独立识字能力。开始练习用钢笔书写正楷字，用毛笔描红。

2. 阅读。用普通话正确、流利、有感情地朗读课文。继续学习默读，学习对课文中不理解的地方提出疑问。学习联系上下文，借助字典、词典和生活积累，理解词句的意思；初步体会课文中关键词句在表情达意方面的作用。初步把握文章的主要内容，初步体会文章表达的思想感情。开始学习略读，粗知文章大意。积累课文中的优美词语、精彩句段。背诵优秀诗文 10 篇(段)。练习复述课文。初步培养读书看报的习惯，收藏并与同学交流图书资料。课外阅读总量不少于 10 万字。

3. 习作。开始练习习作。不拘形式地写出见闻、感受和想象。愿意将自己的习作读给他人听，与他人分享习作的快乐。

4. 口语交际。讲故事努力做到具体生动，用语言打动他人；讲述见闻努力做到清楚明白，能说出自己的感受和想法。

5. 综合性学习。结合语文学习，观察大自然、观察社会，书面与口头结合表达自己的观察所得。

（六）三年级下学期目标

1. 识字写字。认识 200 个字，会写 300 个字。累计认识 2 200 个字，会写 1 600 个字。会使用字典、词典，有初步的独立识字能力。继续练习用钢笔书写正楷字，用毛笔描红。

2. 阅读。用普通话正确、流利、有感情地朗读课文。继续学习默读，能对课文中不理解的地方提出疑问。学习联系上下文或借助其他方式，理解词句的意思，继续体会课文中关键词句在表情达意方面的作用。初步把握文章的主要内容，体会文章表达的思想感情。继续学习略读，粗知文章大意。积累课文中的优美词语、精彩句段。诵读优秀诗文，练习复述课文。继续培养读书看报的习惯，收藏并与同学交流图书资料。

3. 习作。留心周围事物，乐于书面表达，增强习作的自信心。不拘形式地写下见闻、感受和想象。愿意将自己的习作读给他人听，与他人分享习作的快乐。

4. 口语交际。能用普通话交谈。在交谈中能认真倾听，并能就不理解的地方向人请教，就不理解的意见与人商讨。继续具体生动地讲述故事，努力用语言打动他人。能逐步清楚明白地讲述一件事情。

5. 综合性学习。结合语文学习，观察大自然、观察社会，书面与口头结合表达自己的观察所得。

（七）四年级上学期目标

1. 识字写字。认字 200 个，会写 200 个，有独立识字的能力。在阅读中遇到不认识的字，自己查字典解决。初步学会写钢笔字，初步学会用毛笔临帖。

2. 阅读。会正确、流利、有感情地朗读课文。能借助重点词句，背诵指定的课文；能带着问题默读课文，边读边思考；体会课文中关键词句表情达意的作用。能初步把握文章的主要内容，体会文章表达的思想感情。学习复述叙事性课文的大意。初步养成读书看报的习惯，收藏并与同学交流图书资料。

3. 习作。初步学会有顺序有重点地观察图画和周围的事物，能条理比较清楚地记叙一件事，语句通顺连贯；初步学会写留言条，学会写信，掌握普通书信和信封的书写格式。引导学生修改习作中有明显错误的词句。

4. 口语交际。初步养成有礼貌地认真听人讲话的习惯，能正确转述别人的话，初步学会完整地讲述一件事，条理比较清楚，语句比较连贯。能表达自己的感受和想法。

5. 综合性学习。在综合性学习活动中，培养学生有目的地搜集资料的能力，并提出不懂的问题，开展讨论，解决生活中的简单问题。

（八）四年级下学期目标

1. 识字写字。认字 200 个，会写 200 个，养成主动识字的习惯。会使用字典、词典，有独立识字的能力。能用钢笔熟练书写正楷字，用毛笔临摹字帖。

2. 阅读。能用普通话正确、流利、有感情地朗读课文。体会课文中关键词句表情达意的作用。能初步把握文章的主要内容，体会文章表达的思想感情。

能复述叙事性课文的大意。养成读书看报的习惯,收藏并与同学交流图书资料。

3. 习作。留心周围事物,勤于书面表达。能把内容写得比较清楚、比较具体。会写简短的书信、便条。能修改习作中有明显错误的词句。

4. 口语交际。在交谈中能认真倾听,养成向人请教、与人商讨的习惯。听人说话能把握主要内容,并能简要转述。能清楚明白地讲述见闻,并说出自己的感受和想法。

5. 综合性学习。在综合性学习活动中,有目的地搜集资料,提出不懂的问题,开展讨论,解决生活中的简单问题。

(九) 五年级上学期目标

1. 识字与写字。认字 200 个,会写 150 个,会使用字典、词典,有一定独立识字的能力。书写规范、整洁。能用钢笔书写楷书,行款整齐,并有一定的速度。

2. 阅读。能用普通话正确、流利、有感情地朗读课文;默读有一定的速度,并能抓住文章的大意;能联系上下文和自己的积累,体会课文中含义深刻的句子;在阅读中揣摩文章的记叙顺序,体会作者的思想感情,初步领悟基本的表达方法;阅读说明性文章,能抓住要点,了解文章的基本说明方法;学习浏览,根据需要搜集信息;养成读书看报的习惯,课外阅读总量不少于 25 万字。

3. 习作。能写简单的记实作文和想象作文,内容具体,感情真实。能运用说明方法,有条理地介绍物品。学写简单的读书笔记、读后感和内容梗概。能修改自己的习作。

4. 口语交际。乐于参加讨论,敢于发表自己的意见。交流中,能尊重和理解对方。学会倾听,能抓住别人讲的要点。学习辩论、演讲等基本方法。

5. 综合性学习。初步了解查找资料、运用资料的方法,并能策划简单的社会活动,学写活动计划。

(十) 五年级下学期目标

1. 识字与写字。认字 200 个,会写 150 个,会使用字典、词典,有较强的独立识字能力。能写好笔画、笔顺，安排好字的间架结构，有一定的写字速度。写字姿势正确，有良好的书写习惯。

2. 阅读。能用普通话正确、流利、有感情地朗读课文；能用较快的速度默读，并能了解课文的内容；理解课文内容，领会多种表达方法。初步感知文言文，结合注释，了解课文的意思，积累重点文言字词的意思。学习小说，能抓住人物描写，感受、体验和评价人物。课外阅读量不少于 25 万字。

3. 习作。养成留心观察周围事和人的习惯，有意识地丰富自己的见闻，珍视个人的独特感受，积累习作素材。能写纪实作文，内容具体，感情真实。学习写发言稿，学会缩写、扩写、续写和改写。写好后与他人互改，做到语句通顺，行款正确，正确使用常用的标点符号。

4. 口语交际。听人说话抓要点，表达有中心、有条理。认真倾听别人的发言，说话使用礼貌用语。能针对不同的对象，文明地交流。关注身边的大事小事，把事情说清楚，能谈看法，说理充分。初识相声、剧本，进行模拟表演。

5. 综合性学习。通过阅读书籍报刊、上网浏览、调查访问等途径获取资料。对搜集的信息进行分类和筛选，形成初步的观点。了解撰写研究报告的基本方法，利用信息，学写简单的研究报告。

(十一) 六年级上学期目标

1. 识字与写字。会正确书写 120 个字，力求美观、整洁，有一定的书写速度，养成良好的写字习惯。提高识字写作的能力，同时培养学生书写兴趣和书法爱好。

2. 阅读。有一定的阅读理解能力，具备在读中分析、概括、抽象和归纳的能力。用较快的速度默读，并能边读边思考。把握主要内容，积累优美语言，了解文章表达的顺序，体会作者的思想感情，初步领悟文章的基本表达方式，进一步激发阅读兴趣。阅读浅显的文言文，借助注释和工具书理解内容，注重积累文言字词。课外阅读量不少于 25 万字。

3. 习作。仔细观察生活，积累素材，乐于把所见、所闻、所思、所感记下来。学习建议书的格式，学会向有关部门反映问题，提出自己的建议。学习人物描写的方法,养成认真修改习作的好习惯。根据表达的需要,能正确使用常用的标点符号。习作有一定的速度,每学期不少于 8 次。

4. 口语交际。创设情境,角色体验,交流互动,激发想象力。在听录音讲故事、演讲比赛和辩论赛等活动中,能有条理地表达自己的见解,提高口语表达能力。同时养成认真倾听,并学会在讨论中找到解决问题的途径。

5. 综合性学习。收集整理诗歌,理清诗歌发展的历史及诗歌的几种不同的分类,并分组汇报。选择喜欢的诗歌进行欣赏,动手写诗,合作编辑班级诗集。能制定和落实活动计划,撰写一个简单的活动总结。

(十二) 六年级下学期目标

1. 识字与写字。会写 80 个字。有较强的独立识字能力。笔画、笔顺正确,字体规范端正,有一定的书写速度。能用毛笔书写楷书,在书写中体会汉字的优美。

2. 阅读。阅读时,能联系上下文或结合生活实践,进行独立思考,有自己独特的见解。把握主要内容,体会作者的真情实感,了解文章的记叙顺序。学会品读外国名著,体会人物的思想感情,关心人物的命运。提高阅读速度,养成做阅读卡片或读书笔记的习惯。阅读浅显的文言文,借助注释和工具书理解内容,注重积累文言字词。课外阅读量不少于 25 万字。

3. 习作。懂得写作是为了自我表达和与人交流。学会列简单的提纲。运用积累的材料,丰富习作的内容。学会用具体事实说明道理的写法,完成习作。内容具体,条理清晰,详略得当。能正确使用常用的标点符号。有一定的修改作文的能力。习作有一定的速度,每学期不少于 8 次。整理个人作文集,装订成册。

4. 口语交际。与人交流,能尊重、理解对方。交流时,能说清楚经过,能表达出自己的真实感受,耐心地解答同学的提问,善于倾听同学的意见。表达要有条理,语气、语调要适当。

5. 综合性学习。了解查找资料、运用资料的基本方法。策划简单的校园活动和社会活动。回忆六年的小学生活,用各种语文形式,表达师生情、同学情。写毕业赠言,策划毕业联欢会,毕业前汇报演出,为小学阶段画上一个完美的句号。

第三节　丰富烂漫　为终身发展铸育人根基

　　一所优秀的学校,能够提供丰富的选择;一门优秀的学科课程,能够呈现独特的个性。我校"漫味语文"学科课程群也秉承这样一种追求,让语文课堂内外有更多选择性和独特性。

　　基于漫味语文课程的核心价值"在祖国语言文字的浸润中,获得语文修养,促进精神成长","以烂'漫'丰富的课程炼修养塑人格"的学科理念,以落实语文学科素养,培养学生会学习的意识为目标,且满足学生多方面的学习和发展需求,为学生终身发展和未来生活奠定基础。

一、学科课程框架

　　《义务教育语文课程标准(2011 年版)》指出了识字与写字、阅读、习作、口语交际、综合性学习课程板块,结合"漫味语文"的"三好"素养目标,"漫味语文"课程设置分为语用联营、诵读经典、真情写作、自信表达、综合学习、绘声绘影六大类,如图 8- 1,

图 8- 1　"漫味语文"课程框架图

具体表述如下：

1. 语用联营。《义务教育语文课程标准(2011年版)》在"前言"的"课堂性质"中指出："语文课程是一门学习语言文字运用的综合性、实践性课程。""2011年版的'课标'出现频率最多的关键词也是'运用'。"浙江省特级教师吴孔裕老师也曾说过："低段要着重引导学生练习用词的准确和句式的运用；中段要关注段落的结构和修辞方法的运用；高段则要引导学生从作者的表达方式、篇章的结构等方面学习。"也就是说，我们的语文教育应该首先聚焦"语用"。

"语用联营"就是依据上述理论，根据各年级学生特点，从文本中寻找语言训练的切入点，鼓励学生勤用语文工具书，在各年段语用活动中有意识地培养语言文字运用的能力，在课程中进行听音找字、巧辩汉字、成语接龙、你说我猜、片段品悟等语用活动，进而落实语文课程的"语用性"。

2. 诵读经典。诵读经典板块分为国学诵读与文字经典两个方面。国学诵读，中国传统文化最重视人的心灵教育，"国学诵读"倡导见缝插针以晨读、晚诵的形式，用诵读方法引导学生从易到难、循序渐进、积少成多，推进国学经典的学习，内容有《幼学琼林》《笠翁对韵》《千家诗》《论语》《名贤集》等经典选篇。旨在为学生提供一个了解中国传统文化、民族智慧的平台，积淀语言文字素养，兼修孔孟浩然正气，拥有一颗向善心灵，拥有一身良好德行，用传统文化做好生命的底色。文学经典，一本好书，在学生的成长过程中有着非常重要的作用。巴金曾说："文学的目的就是使人变得更加美好！""文学经典"根据每个学段学生年龄特点，以独立阅读、亲子共读和师生共读相结合的方式阅读经典文学著作。对于中小学生而言，常与好书相伴，能够在有限的时间和空间里，无限地扩大对很多领域的了解，养成良好的阅读习惯，能在阅读中丰富自身积累，使经典文学中所表现出来的人生观和价值观潜移默化到学生的生命个体中。

3. 自信表达。基础教育的口语表达主要培养全体学生具备基本的口语素养，以适应现代生活的需要。"自信表达"结合各年级口语交际主题与同步教材进行口语表达训练。它的训练方式一般有看图说话、观察说话、听后复述、听后辩论、讲故事、谈新闻观点等。通过丰富的"推荐动画"、"情意浓浓"、"我的理想"等主题活动，搭建展示的舞台，旨在鼓励学生敢于表达，善于表达，乐于表达，在五彩缤纷的实际生活中寻到话题的素材,使每个学生成为自信的表达者,能积极思考的听众。

4. 真情写作。《义务教育语文课程标准(2011年版)》指出:"小学生作文就是练习把自己看到的、听到的、想到的内容或亲身经历的事情,用恰当的语言文字表达出来。""真情写作"是提炼各学段教材内的关键主题进行交流及写作活动,如"美好家乡"、"成长蜕变"、"心怀祖国"等主题,让学生到这片体验生活的沃土中,寻找最熟悉或者最适合的素材,促进学生用真情实感写出独特感受和体验。总之,真情写作重在引导学生关注生活,体会生活,还原生活,回归生活,从而关注社会。

5. 综合学习。《基础教育课程改革纲要(草案)》指出:"倡导学生主动参与、乐于探究、勤于动手,培养学生搜集和处理信息的能力、获取新知识的能力、分析和解决问题的能力以及交流与合作的能力。""综合学习"是延展或整合各学段教材内综合性学习的活动。如"智趣生活"、"田园风光"、"遨游汉字"等主题,在开发与实施中实现听说读写能力的整体发展,引导学生关注自然、关注社会、关注世界,理论联系实际,学以致用,与其他课程相互融合,提高人文素养与科学素养的综合能力。

6. 绘声绘影。作为20世纪最为重要的艺术样式,年轻的电影与古老的文学亲密相连。20世纪中后期,很多学校尝试利用电影影响和教育学生。2008年,国家教育部、国家发展和改革委员会、财政部、文化部、国家广播电影电视总局也下发《关于进一步开展中小学影视教育的通知》。"绘声绘影"定期组织学生观看教材文本中编成的电影或其他符合学生年龄特点的优秀影片,例如《城南旧事》、《狐假虎威》、《鲁滨孙漂流记》等,以其独特的直观性和生动的形象,引导学生健康成长,感受文学的多种表现形式。

二、学科课程设置

"漫味语文"课程针对在校学生实际情况量身打造。所有课程依据各年级学生学情,由易到难、由浅入深、由单一到综合,循序渐进,贯穿十二个学期,根据不同学期的学习要求和学生需求编制不同的内容,由各年级段的任课老师组织实施。具体课程设置见表8-1。

表 8-1 "漫味语文"学科课程设置表

学期\课程		语用联营	诵 读 经 典		自信表达	真情写作	综合学习	绘声绘影
			国文诵读	文学经典				
一年级	上学期	听音找字	《三字经》	中外绘本	交流礼仪	绘我儿歌	识字达人	怀旧经典
	下学期	一字开花	《千字文》	故事图画	完美沟通	创我绘本	查字达人	再现经典
二年级	上学期	巧辨汉字	《幼学琼林》	童话王国	学会商量	我最喜爱	智趣生活	欢乐动员
	下学期	多音字趣	《弟子规》	儿童故事	推荐动画	我的朋友	巧妙问号	特工动员
三年级	上学期	叠叠词语	《声韵启蒙》	趣事达理	身边小事	美好家乡	缤纷世界	神奇事件
	下学期	成语世界	《千家诗》上	传统文化	故事大会	奇妙想象	节日风俗	神奇人物
四年级	上学期	语境解词	《笠翁对韵》	爱的教育	感恩生活	成长蜕变	成长故事	仙踪之旅
	下学期	你说我猜	《千家诗》下	探秘之趣	见闻启示	感悟生命	田园风光	冒险之旅
五年级	上学期	漫游辞海	《名贤集》	历险奇境	情意浓浓	爱在身边	遨游汉字	温馨时刻
	下学期	名人名言	《论语》	旧事新语	热点话题	拾趣童年	演绎经典	梦幻时刻
六年级	上学期	走近名人	《诗经》	科学幻想	演讲辩论	心怀祖国	走进诗歌	难忘历险
	下学期	片段品悟	《山海经》	中外经典	我的理想	创编文集	感恩母校	难忘成长

第四节　多维样态　悟平实深刻且亲切有味

"漫味语文"以会写能用好汉字,乐读善写好文章,能听会说好实践为课程目标,让儿童打牢语文基础,审美、涵养、思辨得到提高,实现创生传承。

课程实施分为必修课与选修课,其中必修课以嵌入课堂式实施,选修课主要以社团或项目活动形式实施。"漫味语文"从建构"漫味课堂"、打造"漫味课程"、丰富"漫味节日"、设立"漫味社团"、拓宽"漫味空间"这五方面入手,在丰富多彩中引导学生感悟语文的平实深刻,亲切有味,践行"以烂'漫'丰富的课程炼修养塑人格"的理念。

"漫味语文"学科课程的实施主要从以下几个方面入手:

一、建构"漫味课堂"，有效落实语文学科课程

"漫味语文"引导学生学语文，学会比较稳定的、最基本的、适应时代发展要求的听说读写能力修养，以及在语文方面表现出来的文学、文章等学识修养和文风、情趣、价值观等人格修养。[①] 这也就对语文课堂提出了更高的要求，不仅要求掌握基本的学科知识，还需提高语文素养、人文情怀。

(一)"漫味课堂"的实践与操作

"漫味课堂"为有效落实炼修养塑人格，遵循语文学科核心素养的语言建构与运用、思维发展与提升、审美鉴赏与创造、文化传承与理解。建立"教师激励沟通、目标适合学情、内容发展素养、效果师生共促"实践操作的基本内涵。

"教师激励沟通"——语文教师是语言文字的传播者，良好的素养水平对教育任务和完成的质量有重要影响，言语错落有致，生动活泼，富有感情是良好沟通的基础。

"目标适合学情"——依据儿童身心发展特点，选择适合儿童学习的目标，教师依据学生生活经验、学习兴趣和需求，与学习内容的文化内涵交集进行，在与现实世界不断对接当中完成。

"内容发展素养"——坚持整合一切有利于儿童成长的课程资源，在语文核心素养的引领下，通守挖掘文本的原有价值与教学价值，整体提升儿童的语文素养，进行核心价值观的塑造。

"效果师生共促"——"亲其师，信其道"是保持学习兴趣的有效途径，因此需要师生形成密切的合作关系，力求教学相长，形成和谐、愉悦、互动的良性教学形态。

(二)"漫味课堂"的评价标准

"漫味课堂"评价标准结合上述实践与操作，以学生为中心进行有效激励与沟通；把课标作为立足点，审视课程目标的设定；以语文核心素养的基础性和发展性的延展，定位课程内容的落实；用课程中学生与教师的效果四个方面进行课程实施

---

① 温儒敏，巢宗祺.《义务教育语文课程标准(2011年版)》解读：简要的界定[M].北京：高等教育出版社，2012.

评价。详见表 8−2。

表 8−2 南昌市城北学校"漫味课堂"语文课程评价标准表

课程名称： 执教人： 班级： 日期：

参 考 维 度					
A: 100—90 分 B: 89—70 分 C: 69—60 分 D: 60 分以下					
一级目标	二级目标	评 价 标 准	标准分	自评	互评
激励沟通 10 分	激 励	基本功全面扎实，能以充沛的精力，饱满的热情，健康的心理感染学生。	5		
	沟 通	能与学生有效沟通，善于调动学生学习积极性，善于点拨引导，有较强的课堂调控应就能能力。	5		
适合学情 20 分	准 确	符合"漫味语文"总体目标。	6		
	完 整	三维目标完整。	7		
	现 实	符合学生、学校、社会实际。	7		
发展素养 40 分	语言建构与运用	重视方法指导；掌握语言文字特点及运用的能力；在语境中正确有效地沟通能力。	10		
	思维发展与提升	丰富学生的语言表达与经验；充分激发学生的问题意识和探究精神；能分析言语活动。	10		
	审美鉴赏与创造	关注个体差异和不同的需求；学生在语文活动中体验、欣赏、评价、表现和创造美的能力。	10		
	文化传承与理解	善于开发有活力的语文学习资源；理解借鉴课内外文化；在运用语言文字中认同中华文化。	10		
师生共促 30 分	学生	学习兴趣、综合能力提高。	15		
	教师	课程开发与实施能力提高。	15		
综合评价			总 分		

二、打造"漫味课程"，丰富语文学科课程体系

以《义务教育语文课程标准(2011年版)》要求为依据，基于"漫味语文"的课程理念，以及对语文素养的含义理解，包括语文知识、语文积累、语文能力、语文学习方法和习惯，以及思维能力、人文修养、审美情趣等要素在内的综合素养，打造丰富的漫味课程体系。

(一)"漫味课程"的建设路径

"漫味课程"的创建直指语文学科核心素养，以学生发展需求为出发点体现其内在逻辑，相互呼应，环环相扣。

立足目标整合。纵观小学语文教材的编写，课文以单篇呈现，以往老师们逐篇讲解缺乏结构性，"漫味课程"以整合的方式对丰富的课程资源进行再选择、再重组、再创造，改变"教教材"的模式，形成"用教材教"的大语文理念。有统一的目标，相同的主题，采用问题驱动、项目学习等方式学习。

确保时间优化。为深入落实课程理念，为儿童创造完整的语文学习情境，提升语文学科学习及教学效果，语文学科学习不仅采用原有的40分钟一节语文课，还进行改进优化，80、60、30、10、5分钟不同的校内外大、中、小、微课时，让语文学习时间融入校园内外。具体见表8-3所示。

表8-3 南昌市城北学校"漫味课程"课时设置表

课 时	课 程	具 体 课 时 设 置
5分钟	语用联营	每天利用一节语文课的前5分钟，师生、生生进行分年级的主题语用学习兴趣交流。
10分钟+1	国文读诵	晨读：每天早上10分钟，师生以诵读的形式推进经典国文。晚诵：晚上回家后倡导坚持诵读。
30分钟+1	文学经典	每天利用午会或每周阅读课时间分年级推进整本书阅读，不少于30分钟；学生回家后倡导坚持阅读，独立阅读与亲子阅读相结合。
40分钟	自信表达	每两周一次使用语文课时，结合各年级主题与教材同步，进行口语交际训练。
40分钟	真情写作	每两周一次使用语文课时，结合各年级主题与教材同步，进行写作能力训练。

续　表

课　时	课　程	具 体 课 时 设 置
80 分钟	综合学习	每两月一次使用课外内时间结合的方式,根据各年级主题进行语文综合性学习。
60 分钟	绘声绘影	每月一次利用午休时间,分年级观看电影一部。

(二)"漫味课程"的评价要求

结合"漫味课程"的实践和操作可以判断,优秀课程要具备目标意识、统整引领;高效实施、体现魅力;活动体验、拓宽领域;自主发展、反思总结的特点。

1."漫味课程"具有目标意识。新课程背景下,语文学习要注重工具性和人文性的统一,为学生热爱语言文字、培养良好的语文学习习惯、语文知识的积累运用,打下坚实的基础。

2."漫味课程"体现高效实施。教师能够将零散的语文学习材料进行统整。学生在"漫味课程"中整合语文知识、了解语文体系,帮助儿童形成学科主题意识,促进儿童语言发展、思维发展、精神丰富,有利于促进个性发展、能力提升,整体提升儿童的语文素养。

3."漫味课程"重视活动体验。"漫味课程"的开发重视学生的生活体验,在课程活动中适度拓宽语文学习和运用的领域,激发学生学习语文的浓厚兴趣,让学生在高效的课程活动中发展语文素养。

4."漫味课程"体现反思总结。课程的发展要在实施过程中形成特色,提倡自主发展,教师在课程中及时反思与总结,可以提高课程品质,累积典型教学案例,加强课程教学研究等。具体见表8-4所示。

表8-4　南昌市城北学校"漫味课程"评价表

项目	评　价　内　容	评价形式	评价等级 优良中下
目标意识	注重工具性和人文性的统一,为培养良好的语文学习习惯、语文知识积累运用,打下坚实的基础。根据课程制定一份课程实施计划和教学安排。	看活动记载本中的课程计划和教学安排。	

项目	评　价　内　容	评价形式	评价等级 优良中下
高效 实施	能挖掘整合有意义的课程内容，满足学生兴趣发展的需求，促进学生互助共进，内容有可学性、迁移性等，并能及时优化。	看活动方案、教学记录及过程。	
	课程实施重视发展学生的个性特长，能开发出适合学生特点和利于学生发展的语文课程，重视培养学生的实践能力和创造能力，受到学生喜爱。	问卷调查、随机访谈、学期活动小结等。	
重视 体验	课程活动中适度拓宽语文学习和运用的领域，激发学生学习语文的浓厚兴趣，让学生在高效的课程活动中发展语文素养。	看活动方案、教学记录及过程。	
反思 总结	按照课程要求制定出个性化的学生评价方案，组织好对学生的发展评价。	看评价方案、学生成果展示。	
	能够根据课程纲要的设计、课程实施和课程评价中的各个环节进行思考，形成有效经验和建议完善课程。	个别访谈、查看反思。	
综合 评价			

三、丰富"漫味节日"，浓郁语文学科学习氛围

设立丰富多彩的"漫味节日"活动，从一定意义上渲染且提升美好生活的精神境界，增强语文学习的凝聚力，滋养学生内心，提升整体文化氛围，为师生、生生、亲子共学提供交流契机，促进学生全面发展。

(一)"漫味节日"的实践与操作

通过每月不同主题的"漫味节日"，拓宽语文学习途径，创新语文课程实施方式，激发学生学习语文兴趣，丰富学生的语文学习经历，营造良好的语文学习环境及氛围。具体课程的设立与实施见表8-5。

表8-5 "漫味语文节"课程安排表

课程时间	课程名称	课 程 内 容	组 织 实 施
9月	漫品诵读节	以中外古诗歌为主要内容。	结合"晨读晚诵"及每周开设一次的诵读课,以学生报名为主,老师推荐为辅,统一时间地点进行比赛。
10月	漫听书写节	以"积前人之学,浴墨林之风"为主题开展书写比赛。	由学校统一筹备,分年级汇总课内词语,各班先复赛,再推选出两名同学进行年级决赛。
11月	漫彩绘报节	以课内外经典片段或自创内容,由学生绘制创作,老师适时给出建议。	各班推选出同学的作品进行校内展示。
12月	漫乐作文节	以观后感、读后感为主,也可写身边人、身边事,抒发自己的感受。	征文文体不限,题目自拟,要求是自己的真实作品,学校组成特定的老师进行评比。
3月	漫步演绎节	以课内外经典片段为主要内容,由学生自导自演,老师适时给出建议。	师生选定内容,然后组织学生踊跃参加,并选出适合的演员,通过2—3周的时间进行演练,最后年级进行展示,学校选送参加区级比赛。
4月	漫味读书节	以4.23世界读书日为契机,各班开展读书会活动。	教师挖掘教学资源,选定内容,然后组织学生开展共读一本书,并开展读书会活动。
5月	漫视电影节	通过学校共享网络,组织各年级观看电影。	各年级开展符合本年级的观影汇报。
6月	漫忆主题节	学期末各年段语文组根据本学段特色进行趣味复习活动。	结合教材内容,各级教研活动,由教师进行本组讨论,制定针对性强的实效复习活动,形式丰富有趣。

(二)"漫味节日"评价方式

一个好的课程实施,必须有一套系统的评价方案与之相配合,这样才能使其发挥最好的作用。"漫味节日"的评价维度分为五大类别:活动主题、内容人文、形式丰富、过程表现和活动效果。具体评价标准见表8-6。

表8-6　"漫味节日"评价量表

项　目	评　价　标　准	等级 优良中下	亮　点	建　议
活动主题 10分	结合节日内容,主题能鲜明、新颖、有明确的指向性。			
内容人文 20分	活动内容新颖,符合学生的年龄特征。			
	活动环节典型,有说服力和感染力。			
	结合实际,贴近学生生活和社会现实。			
形式丰富 20分	寓教于乐,有利于学生个性特长的展示。			
	层次分明,结构完整紧凑。			
	丰富多样,学生喜闻乐见。			
	环境营造得体,较好地烘托节日主题。			
过程表现 20分	学生热情参与,主体作用发挥好。			
	教师引领学生有方,指导有度,循序渐进。			
	真正热爱自己的民族语言,自觉传承民族语言的文化,树立文化自信。			
活动效果 20分	学生积极体验,激起情感共鸣。			
	学生语文素养得到提高,思想境界得到提升。			
综合评价 10分				

四、设立"漫味社团",培养语文学科个体兴趣

"漫味社团"是语文学习实践的重要组成部分,为孩子们提供多样化、个性化的自由展示空间,张扬个性,享受深入学习语文的乐趣。

(一)"漫味社团"的实践与操作

"漫味社团"体现语文学习的内涵化、生活化。学校成立了高段"听写达人",中段"国学诵读",低段"绘本有约"的优质语文学习社团,引导学生广泛参与各类社团

活动,力争能较好地掌握一样语文专项特长。我们组织专门机构负责漫味社团,定期组织学习研究,协调校内外、课内外关系,保证方案正常实施。

"漫味社团"做到责任到位,师生见长。各项语文课程和活动均设立明确的负责教师,由学校根据教师在语文领域的专业、特长和爱好,在自愿的基础上统筹调配,每个课程配置2名教师,一名教师负责具体的教学活动安排、备课等教学任务;一名教师负责学生的召集、考勤并协助授课教师完成教学活动,以此对学生进行针对性教学。

"漫味社团"实施固定时间,自主选择。社团活动安排在每周固定活动时间,便于教师的统一安排,也有利于学校形成浓厚的语文社团氛围。根据课程内容不同,面向不同年级招募参加人员,可以跨越年段,每个社团人数尽量不超过30人,以保证学习效果。

(二)"漫味社团"活动评价方式

为保证社团激发学生学习语文的兴趣,体验成功的喜悦,使学生得到全面的发展,真正成为学校每一个人共同的社团。特制订相应的活动评价标准,主要从出勤情况、活动过程、活动效果、特色创新等维度进行评价。具体评价标准见表8-7。

表8-7 "国学诵读"社团活动评价量化表

评价项目	分值	评价标准	评价结果
出勤情况	20	实行课堂点名制度,做到有事请假,不迟到不早退,全学期参与社团课堂活动的次数超过总次数的80%以上为满分,迟到早退一次扣2分,旷课一次扣5分,参与次数不够酌情减分。	
上课活动	30	学习态度端正,遵守课堂纪律,情感投入,能主动与同学和老师进行课堂互动。	
诵读背诵	30	1.每周诵读打卡次数不少于5次。 2.能按要求背诵学习的篇目。	
拓展阅读	10	能运用上课所学的吟诵方法去拓展吟诵其他国学经典。	
诵读活动	10	根据学生需要,结合学校活动开展适时适度的评价。	
总评	100—85:优秀 84—75:良好 74—60:合格 60以下:需努力		

表8-8 "绘本有约"社团活动评价量化表

评价方式	分　值	评　价　条　例	评价结果
家长评价	A 完全符合，计3分； B 基本符合，计2分； C 偶尔符合，计1分； D 完全不符合，计0分。	每周绘本课结束，回家后能向家长复述故事内容。	
		主动要求购买其他绘本，并自行阅读。	
		将课外所读绘本内容讲给家长听。	
自我评价		在读过绘本后，相关习惯有所改善。	
		课余时间，同学之间或与其他小伙伴能互相交流上过的绘本内容。	
教师评价		主动向他人提及与绘本相关的内容。	
		听课时能注意力集中，表现出持续的兴趣。	
		能积极参与课堂上的听说读写唱演等环节。	
		能扩编、续编或创编绘本故事。	
		能与人合作表演绘本故事。	
总　评	30—25：优秀　24—20：良好　19—14：合格　14—0：需努力		

表8-9 "听写达人"社团活动评价量化表

评价项目	分值	评　价　标　准	评价结果
出勤情况	20分	实行签到制度，按时参加社团活动，不迟到、不早退。	
活动过程	20分	教师有计划、有目的地开展社团活动。每周推送词库，定期听写测试，量化评分。	
	20分	学生积极参与社团听写，平时重在积累。每次听写及时纠错，反复巩固。在一定程度上增加识字量，减少错误率。在听写中不断提升自己的语文素养。	
活动效果	20分	能达成预期目标，形成自己的学习成果，积极参与社团成果展示交流。	
特色创新	20分	积极参加校内外活动，效果良好。	
总体评价	100—85：优秀　84—75：良好　74—60：合格　60以下：需努力		

五、开拓"漫味空间"，拓宽语文学科学习维度

生活处处是语文，学习语文，活用语文。让语文在生活中彰显它无穷的魅力，

借助品质语文课程,开展形式多样的语文综合性活动、一系列语文拓展活动,最大限度地开拓语文学习的空间,拓宽语文学习的内涵,激发学生学习语文的兴趣,发掘学生个性特长的发展,从而最大程度地提高学生的语文素养。

(一)"漫味空间"的实施与操作

第一,"增",即在原有文本提供的基础上,根据学生阅读实际及不同特点,增加一些与所学文本类似的文章,或同一作者的不同文章,让学生阅读达到巩固和补充的作用。

第二,"扩",即通过某个知识点的学习,从不同角度进行扩展训练,从而得到不同方面的提升。如:从字、词、句、段、篇入手,根据不同学段的要求,每天语文课前5分钟设计"语用联营"的环节。如听音找字,一年级初学拼音的孩子,难以区分平翘舌音、前后鼻音等一些因方言因素干扰的易混淆读音。基于这一学情,特地进行专项突破,反复练习。又如中段的"你说我猜",由学生出题,以活泼的"猜猜"形式,展现语文字词的风采,既体现学生语文学习的自主性,又激发学生学习语文的兴趣。"语境解词",揭开词语在不同语境中的真面目,增添汉语一词多义的趣味。高段的"漫游辞海",唤起学生重拾工具书的热情,领略各类字典、词典的精华之妙用。"走近名家",概述名家的生平事迹、感悟名家的精神世界,拓宽视野,积累素材。

第三,"链",既为了让学生更好地热爱语文,理解文本,引入一些主题式或项目性探究学习,以便更全面地理解,更深入地学习,体会文本所表达的情感,链接生活学以致用,联合家校合作、社区共建的方式实现多维度学习空间。

第四,"网",当今社会是高速发展的信息时代,语文课程的教与学离不开网络资源的利用。课堂教学中有关图片、文字资料的补充,还有像课文朗读、影视作品的播放,使海量的信息资源,直观而又高效地提高教学效果;课后,师生可打破时空界限,利用QQ群、微信群等交流平台进行互动沟通。同时,利用微信公众号进行导学导写、推送美文、展示优秀作品、记录重大活动的精彩过程。让网络信息平台成为品质课程推广的一个助推器,成为语文学习的新舞台。

(二) 实现"漫味空间"真实评价

　　根据过程性、多元综合评价原则,通过自评、互评、教师评价评出星数,以自评、互评和师评的平均值进行总评,最终得出每月积星数。对照积星数,学生依次获得称号"漫趣语文之星"(10—17 星),"漫悦语文之星"(18—25 星),"漫味语文之星"(26—30 星)。

　　同时,"漫味语文"课堂评价探索一条彰显儿童学校主体地位的真实评价方式,把儿童当做一个独立完整的个体,用评价的多途径把学生引入真实的生活世界。见表 8–10 和表 8–11。

表 8–10　南昌市城北学校"漫味语文"学生星级评价表

班级：		姓名：			时间： 年　月　日			
类别	语用联营	诵读经典	自信表达	真情写作	综合学习	绘声绘影	漫味节日	漫味社团
分值	3 星	5 星	3 星	3 星	6 星	2 星	5 星	3 星
要求	理解运用总结方法	主动阅读善于积累	积极沟通表述全面	观察感悟充分表达	主题鲜明探索创新	认真视听交流感受	积极参与效果良好	按时参加成效有益
自评								
互评								
师评								
总评								
总评：自评、互评和师评的平均值 积星：为总评星数之和 10—17 星可获得"漫趣语文之星" 18—25 星可获得"漫悦语文之星" 26—30 星可获得"漫味语文之星"				本月积星 颗数：	祝贺你获得 漫趣语文之星☆ 漫悦语文之星☆ 漫味语文之星☆			
学生学习成果展示栏								
(粘贴图片、活动照片、作品照片、证书等学习成果)								

表 8 - 11　南昌市城北学校"漫味语文"学生奖励兑换制度

南昌市城北学校"漫味语文"学生奖励兑换制度	
星　　级	兑换规则(按月清零)
10—17 星(选其一)	班级内获小奖品一个
	班级内获小奖状一张
	可以和喜欢的同学合影
18—25 星(选其一)	推荐成为语文课代表助手一天
	推荐广播站播稿一次并留影
	可以和喜欢的老师合影
	可以申请保留积星一月(每人仅一次)
26—30 星(选其一)	推荐做老师特别助理一周
	可以带好朋友一位到图书馆无限畅读
	个人照片贴在荣誉墙上,获得同学的特别留言

总之,在"漫味语文"这一学科理念的引领下,让师生共同"漫"步在烂"漫"的课程中尽情品味语文之美,逐步形成"自主合作、创新实践、巧教活用、'漫'味十足"的教学特色,倡导"问题视导,团队合作;直抒己见,智慧碰撞;'漫味'至理,精益求精"的教研风气,确立"大胆质疑、敢于创新、反复探索、形成共识"的策略价值追求。

（执笔人：段黎、周爱红、查红女、严小艳、王文娟）

后　记

种下一颗梦想,用尽全力去实现。

2018 年 3 月,东湖区"提升区域课程品质"项目启动,品质课程建设正式提上日程。4 月、5 月、6 月实地调研、课程充电、观点交锋,7 月、8 月、9 月……12 月,初定方案,煎熬思考,反复修改,讨论完善。东湖教育人紧张忙碌的不仅是身影更是思想。时光流逝间,东湖品质课程,从春暖花开到盛夏光年,走过秋风飒爽,直至寒冬悄然绽放。历时十个月,东湖区全区 23 所学校及幼儿园已全部绘制了美好的课程规划蓝图。在 2018 年终岁尾,每一位校长、园长展示了对本校(园)课程建设的文化愿景领导,系统规划和资源研发的水平,展现了现代校长园长对办学、对教育、对课程、对教师和学生更深的理解和认识,展现了校长园长们在课程研究中思想的生长。2019 年初,东湖区品质课程建设向学科、教研、教师深入。

语文,作为历史最为悠久的一门学科,可以说也是对学生影响最为深远的学科,它不仅具有工具性还承担着人文教化功能。它是人生学习过程的开启学科、首要学科、基础学科,也是核心学科。而语文学科的课程变革需要通过语文教学方式与语文学习方式的变革来实现,其落点在教师身上。正如著名教育家顾明远先生所说:"每个学科老师要有对学科教育哲学的认识,要有对教育终极价值的理解和体认,要有对本学科学术前沿的关注乃至研究,唯其如此,其所实施的课程教学,才会有教育工作者的意味,才会成全每个人的自由发展。"基于这样的一种信念和认识,东湖语文人开始了艰难的反思和摸索。

1 月、2 月、3 月,在上海教育科学研究院杨四耕教授专家团队的引领下,老师们多次研读《义务教育语文课程标准(2011 年版)》,深入理解语文学科核心素养,不断探究语文学科关键能力。不论是在未曾想过的学科价值观、性质观,还是在日复一日的教学中未曾思考过的学科课程哲学,亦或是需要重新建构的学科课程框架,老师们一次次经历着头脑风暴,一次次在专家面对面的指导中不断地进步、提升。

4月、5月……12月,东湖语文人在学科课程思想转变和生长历程中的痛苦与欢乐,那些制定与反复修改课程方案中的焦虑与磨炼,那些学习与争鸣,辩论与改进中的拔节与提高,全都化成了课程变革行进中的满意与微笑。"多彩语文"、"星火语文"、"润滋语文"、"嘉境语文"、"大美语文"、"漫味语文"、"臻美语文"……都指向人的心灵丰盈、精神提升,指向人的生命成长。

每一份语文学科课程建设方案都凝聚着学校领导、教研组和一线教师的心血,他们从最初的迷茫到积极学习、理解探讨,不断完善,内化实践,都付出了大量的时间和劳动。这次的语文学科课程变革,使老师理解了教学到课程的转变,这背后是深层次的理念转变,每一位语文教师在这次变革中相互促进、共进共赢。

本书记录了我们的思考和提升,镌刻着每位东湖语文教育人的贡献。在梳理本书的过程中,我们得以再次回望走过的路,再次认识到语文课程变革面向未来的意义和价值,并积蓄出再次出发的力量。一个个有着高度、深度和温度的课程建设方案让我们看到了立德树人、核心素养不再是空洞的口号和枯燥的理论,而正在变成东湖语文教育人实实在在的行动,正在成为东湖课程最美好的图景!

未来,不是我们要去的地方,而是现在就要由我们来创造的地方。

万远芳

2020 年 2 月于南昌市东湖区教研中心

教师专业发展的理论与实务	978 - 7 - 5760 - 0721 - 3	42.00	2021 年 1 月
课堂教学的 30 个微技术	978 - 7 - 5760 - 1043 - 5	52.00	2020 年 12 月
教学诠释学	978 - 7 - 5760 - 0394 - 9	42.00	2020 年 9 月
原点教学：提升区域育人质量的策略研究			
	978 - 7 - 5760 - 0212 - 6	56.00	2020 年 8 月
聚焦学科核心素养的课堂教学	978 - 7 - 5675 - 8455 - 6	36.00	2018 年 11 月
指向学科核心素养的课堂教学范式	978 - 7 - 5675 - 8671 - 0	54.00	2019 年 6 月

学校课程发展丛书

数学学科课程群	978 - 7 - 5675 - 9445 - 6	58.00	2019 年 8 月
科学学科课程群	978 - 7 - 5675 - 9593 - 4	34.00	2019 年 9 月
核心素养与课程设计	978 - 7 - 5675 - 9462 - 3	46.00	2019 年 9 月
语文学科课程群	978 - 7 - 5675 - 9441 - 8	56.00	2019 年 9 月
品牌培育与学校课程	978 - 7 - 5675 - 9372 - 5	39.00	2019 年 9 月
英语学科课程群	978 - 7 - 5675 - 9575 - 0	39.00	2019 年 10 月
体艺学科课程群	978 - 7 - 5675 - 9594 - 1	34.00	2019 年 10 月
跨学科课程的 20 个创意设计	978 - 7 - 5675 - 9576 - 7	34.00	2019 年 10 月
学校课程与文化变革	978 - 7 - 5675 - 9343 - 5	52.00	2019 年 10 月

品质课程实验研究丛书

学校课程框架的建构：HOME 课程的旨趣与架构			
	978 - 7 - 5675 - 9167 - 7	36.00	2019 年 9 月
聚焦育人目标的课程设计：红棉花季课程的愿景与追求			
	978 - 7 - 5675 - 9233 - 9	39.00	2019 年 10 月

核心素养导向的课程设计：花园式课程的文化与聚焦

978 - 7 - 5675 - 9037 - 3　48.00　2019 年 10 月

学校课程文化的实践脉络：百步梯课程的逻辑与架构

978 - 7 - 5675 - 9140 - 0　48.00　2019 年 11 月

学校课程发展策略：SMILE 课程的逻辑与深度

978 - 7 - 5675 - 9302 - 2　46.00　2019 年 12 月

聚焦内涵发展的课程探究：芳香式课程的理念与实施

978 - 7 - 5675 - 9509 - 5　48.00　2020 年 1 月

以儿童为中心的课程：欢乐谷课程的旨趣与维度

978 - 7 - 5675 - 9489 - 0　45.00　2020 年 1 月

学校课程体系的建构："小螺号课程"的架构与创生

978 - 7 - 5760 - 0445 - 8　45.00　2020 年 9 月

特色学校聚焦丛书

每一个孩子都是一棵树　978 - 7 - 5675 - 6978 - 2　28.00　2018 年 1 月

教育不是一个人的事："众教育"36 条

978 - 7 - 5675 - 7649 - 0　32.00　2018 年 8 月

不一样的生命，一样的精彩　978 - 7 - 5675 - 8675 - 8　34.00　2019 年 3 月

童味正醇：特色学校的文化图谱　978 - 7 - 5675 - 8944 - 5　39.00　2019 年 8 月

特色普通高中课程建设探索　978 - 7 - 5675 - 9574 - 3　34.00　2019 年 10 月

儿童是天生的探索者：360°科学启蒙教育

978 - 7 - 5675 - 9273 - 5　36.00　2020 年 2 月

做精神灿烂的教师：教师自我成长的 5 个密码

978 - 7 - 5760 - 0367 - 3　34.00　2020 年 7 月

让教育温暖而芬芳　978 - 7 - 5760 - 0537 - 0　36.00　2020 年 9 月

快乐教育与内涵生长　978 - 7 - 5760 - 0517 - 2　46.00　2020 年 12 月

故事教育与儿童发展　　　　　　978 - 7 - 5760 - 0671 - 1　39.00　2021 年 1 月

跨学科课程丛书

大情境课程：主题设计与创意评价
　　　　　　　　　　　　　978 - 7 - 5760 - 0210 - 2　44.00　2020 年 5 月
社会参与素养的培育模型与干预机制
　　　　　　　　　　　　　978 - 7 - 5760 - 0211 - 9　36.00　2020 年 5 月
大概念课程：幼儿园特色主题活动设计
　　　　　　　　　　　　　978 - 7 - 5760 - 0656 - 8　52.00　2020 年 8 月

核心素养导向的课堂教学丛书

漾着诗性智慧的课堂教学　　　978 - 7 - 5675 - 9308 - 4　39.00　2019 年 7 月
转识成智的课堂教学：核心素养导向的历史教学
　　　　　　　　　　　　　978 - 7 - 5760 - 0164 - 8　40.00　2020 年 5 月
学导式教学：学会学习的教学范式
　　　　　　　　　　　　　978 - 7 - 5760 - 0278 - 2　42.00　2020 年 7 月
高阶思维教学的关键技术　　　978 - 7 - 5760 - 0526 - 4　42.00　2021 年 1 月

特色课程建设丛书

教师，生长的课程　　　　　　978 - 7 - 5760 - 0609 - 4　34.00　2020 年 12 月
学校课程发展的实践范式　　　978 - 7 - 5760 - 0717 - 6　46.00　2020 年 12 月
丰富学习经历：如歌式课程的愿景与深度
　　　　　　　　　　　　　978 - 7 - 5760 - 0785 - 5　42.00　2020 年 12 月